改訂新版

みんなが安心!簡単に書ける!遺言書

二見書房

はじめに

高齢化や少子化、離婚の増加など、社会・家庭の環境が目まぐるしく変化するなか、遺言書の在《あ》り方もまた、大きく様変わりしてきています。

かつて遺言書といえば、家族関係が複雑なお金持ちが相続争いを防ぐために作る、といった、どことなくネガティブなイメージがありました。また、その重々しい言葉の響きから、自分には関係ない＝特別な人のもの、と多くの人が思い込んでいたのではないでしょうか。

しかし近年は、ごく普通の人たちが当たり前のように遺言書を作成するようになっています。その理由はさまざまですが、代表的なものとしては、「遺産をめぐる争いを防ぐ」「相続手続きの負担を減らす」「家族の生活を守る」「気がかりを解消する」――というようなことが挙げられるでしょう。残された家族が相続をきっかけに仲違いしたり、ましてや路頭に迷ってしまったりする事態は避けたいとの配慮から、遺言書を作成する方が増えているのです。

実は法律上の相続の権利というのは、生前はほとんど接することのなかった故人の血縁者が有していたりと、フタを開けてみてビックリ、という場合も意外に少なく

目次

はじめに ―― 2

クローズアップ！ 民法における相続法の分野が約40年ぶりに大幅見直し ―― 4

この場合、どうすればいい？
遺言書の事例（ケース）紹介 ―― 5

1 同居している長男に遺産をすべて渡したい場合 ―― 6
2 夫婦だけで子どもがいない場合 ―― 10
3 相続人がたくさんいる場合 ―― 14
4 法定相続人以外に遺産を渡したい場合 ―― 18
5 外国人と結婚している場合 ―― 22
6 未成年の子どもがいる場合 ―― 26
7 夫婦が内縁関係にある場合 ―― 27
8 息子の嫁にも遺産を渡したい場合 ―― 28
9 長男に事業を継いでもらいたい場合 ―― 29
10 介護が必要な家族がいる場合 ―― 30

しっかり押さえておきましょう
遺言書の基礎知識 ―― 31

ありません。家族を失ってただでさえ気持ちが落ち込んでいるときにそうしたことに対応しなければならないのは、遺族にとって心身の大きな負担となります。それを避けるためにも、予備知識を得て事前に準備しておくことは大切なのです。

また、遺言者の立場からいうと、遺言書をとおしてお世話になった人への感謝、自分が大切にしてきたものへの気持ちや願いといったものを伝えることが一般的に行われるようになりました。遺言書は自分自身の想いを相続というかたちで示し、同時にそれを法的に有効なものとするためのツールなのです。

本書では、事前に知っておきたい相続にまつわる法的なこと、遺言書の意味や意義から、実際に遺言書を作成していくにあたっての具体的な手順などをご紹介していきます。付録の遺言書用紙も活用して、あなた自身の大切な遺志を記してみてください。

本書『改訂新版 みんなが安心！簡単に書ける！遺言書』は、2018年7月に公布された民法及び家事事件手続法の遺言制度に関する改定、創設内容（▶▶P4）を反映しています。

1 遺言書の種類と特徴 32
2 「法定相続人」とは 34
あなたの法定相続人は？ ～相続関係図 36
3 遺言書でできること、できないこと 38
4 「法定相続分」「遺留分」とは 40

遺言書を書いてみましょう 遺言書の作成→実行 42

1 自分の財産を把握する ～財産リストアップシート 44
2 遺言書を書く前にすること① 46
3 遺言書を書く前にすること② 48
4 自筆証書遺言の書き方 50
5 遺言書の保管と実行 54

遺言書にまつわるQ&A 56
公正証書遺言について 58
相談窓口 59
遺言書にまつわる用語解説 60

付録 複写防止機能付き遺言書用紙 4枚

クローズアップ！

民法における相続法の分野が約40年ぶりに大幅見直し

2018年7月、民放及び家事事件手続法の一部を改正する法律、法務局における遺言書の保管等に関する法律が成立、公布されました（施行期日は原則、公布日＝7月13日から1年を超えない範囲内において政令で定める日）。1980年以来、約40年ぶりとなる相続法制に関わる分野でのこの大幅見直しから、ここでは遺言制度に関する変更点を中心に紹介します。

本書（改訂新版）にも反映！ 遺言制度に関する3つの変更点

❶ 自筆証書遺言の方式緩和

これまで自筆証書遺言（▶▶P32）を作成する際は遺言者本人が全文自書することとされていましたが、財産が多数あったりする場合、財産目録をすべて自書するのは大きな負担でした。新たな制度導入（施行開始は2019年1月13日）により、財産目録はパソコン等で作成したものや、銀行通帳のコピーや不動産の登記事項証明書等に遺言者本人が署名押印したものも認められることになりました。

❷ 遺言執行者の権限の明確化

遺言執行者（▶▶P63）の法的地位はこれまで、相続人の代理人で、遺言者（被相続人）の代理人でもありました。しかし法改正により前者は削除され、遺言執行者がいる場合、遺贈の履行は遺言執行者のみが行うことができることが明確化されました。遺言者の意思と相続人の利益が対立する際は、遺言執行者はあくまでも遺言者の意思実現のために職務を遂行し、遺言内容の実現を担うことになります。

❸ 公的機関（法務局）における自筆証書遺言の保管制度の創設

自宅保管の多い自筆証書遺言については、これまで複数の問題点が指摘されてきました（▶▶P32）。その対応策として創設されるのが、遺言書保管法による公的機関（法務局）での自筆証書遺言の保管制度です（施行開始は公布日＝2018年7月13日から2年を超えない範囲内において政令で定める日）。利点としては全国一律のサービスの提供、プライバシーの確保、相続登記の促進が挙げられています。

この場合、どうすればいい？

遺言書の事例（ケース）紹介

次のページからは、遺言書を作成しておきたい10の事例とその遺言書の例文などを紹介していきます。自分と似たケースを参考にして、将来考えられる相続の問題点や遺言書の意味、書き方を確認してみましょう！

スケット弁護士
相続争いで家族が仲違いをすることのないよう、遺言書の意義と書き方を各所で精力的に伝えている。口ぐせは「聞き逃せませんね」。

次ページ以降に掲載の遺言書は例文です（住所、氏名、金融機関名、口座番号等は架空のものです）。
掲載内容は法的な有効性を保証するものではありませんのでご了承ください。

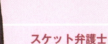

ケース **1**

同居している長男に遺産をすべて渡したい場合

藤本泰造さんは、奥さんはすでに他界、現在は長男・泰士さんの家族と自分の持ち家で同居しています。泰造さんには持病があり若い頃からあまり丈夫ではなかったため、泰士さんは進学をあきらめ、自営業をして家を支えながら、弟・泰二郎さんの進学などにも尽力してきました。その次男・泰二郎さんは、就職後は独立しています。

――持ち家以外これといった財産のない泰造さんは、面倒見のいい長男にそれを譲りたいと思っています。傘寿を迎えてから、泰造さんのその思いはますます強くなり、今後について、泰士さん夫婦と話をすることに。

泰士には、大学進学をあきらめてもらった……
……いくら弟の泰二郎のためとはいえ、負担をかけたな。
私の面倒も見てくれたし、申し訳ない気持ちでいっぱいだ
お礼と言ってはなんだが、泰士に財産全部を残したいんだ。ついては遺言書を……
遺言書
ええ？ 遺言書？ 父さん、大げさだな。そんなのいらないよ
泰二郎も……
俺はいろいろ兄貴に世話になったし、もう十分だから、
あはは
財産なんかいらないから
やだなぁ

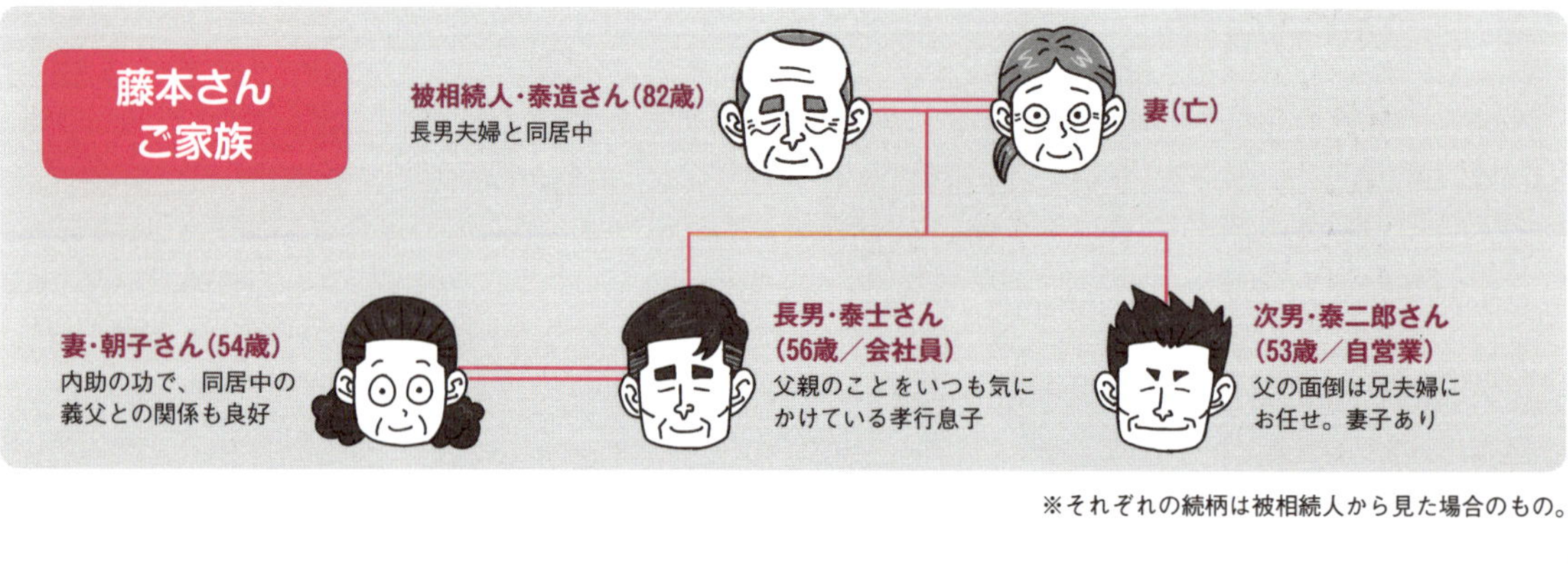
藤本さんご家族
被相続人・泰造さん（82歳）
長男夫婦と同居中
妻（亡）
妻・朝子さん（54歳）
内助の功で、同居中の義父との関係も良好
長男・泰士さん（56歳／会社員）
父親のことをいつも気にかけている孝行息子
次男・泰二郎さん（53歳／自営業）
父の面倒は兄夫婦にお任せ。妻子あり

※それぞれの続柄は被相続人から見た場合のもの。

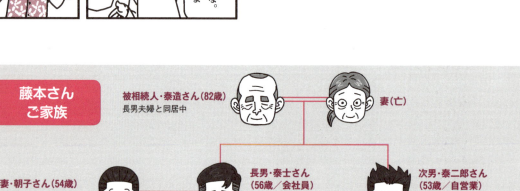

ケース1の状況まとめ

- ◆**被相続人** P63・泰造さんの面倒を長年みてきたのは長男・泰士さん
- ◆本人は長男・泰士さんに持ち家などの資産をできる限り譲ることを希望
- ◆泰造さんの遺産に関する長男・泰士さんと次男・泰二郎さんとの間の話は口約束のみ

ケース 1

同居している長男に遺産をすべて渡したい場合
遺言書で「口約束」のリスクを回避

泰造さんの遺言書

書き方についての詳細は ⬇P50

遺言書

遺言者　藤本泰造は、以下の通り遺言する。

一、遺言者は、遺言者の有する次の財産を、
　遺言者の長男藤本泰士（一九六二年二月九日生）に相続させる。

（一）土地
　所在／東京都世田谷区二見町七丁目　地番／二番地三
　地目／宅地　地積／143・47平方メートル

（二）建物
　所在／東京都世田谷区二見町七丁目　家屋番号／二番地三
　種類／居宅　構造／鉄骨造2階建て
　床面積／一階　102・29平方メートル　二階　78・65平方メートル

（三）遺言者名義の預貯金および債券の全部を含む金融資産
　ふたみ銀行　世田谷支店（口座番号895831）

（四）その他、遺言者に属する一切の財産

二、遺言者は、遺言執行者に次の者を指定する。
　弁護士　斉藤　孝雄

泰造さんの法定相続人は…

長男・泰士さん
次男・泰二郎さん

解説

被相続人P63の子どもの相続権は、法的には平等です。しかし、実生活において、この「平等」は非常に難しいもの。兄弟姉妹の仲が特に悪くなく、当人同士で話がついていたとしても、金銭が絡むと配偶者やその親族といった存在に口を挟まれ、不仲になってしまったり、気まずい思いをしたりすることは少なくありません。

今回のケースのように、被相続人が長男など特定の**相続人**P34

住所　東京都渋谷区朝陽二丁目三番十四号
生年月日　一九七三年十月九日

三、付言事項
長年何かと面倒をみてもらった泰士には、同居をしている家屋をはじめ、全財産を相続させることで報いたい。
泰二郎は兄に異議を述べることなく、これからも兄弟仲良く助け合っていってほしい。

平成三十年七月一五日
住所　東京都世田谷区二見町七丁目二番地三
遺言者　藤本　泰造　（藤本）

P62に**法定相続分**P40 P62以上の財産をあげたいという場合は、なおさら。事前に口約束をしていても、いざ相続となったときには、そんな話はなかったものとして**遺産分割協議**P60が行われ、大きなもめごとになることもままあります。

家族のことを思うなら、被相続人は必ず遺言書を作成し、争いの芽を摘んでおきましょう。

ココがポイント！

他の相続人の権利や事前の配慮を忘れないこと

全財産を特定の相続人に相続させると遺言しても、実は必ずその通りになるとは限りません。このケースでいうと、法定相続人である次男は「**遺留分侵害額の請求**P60」ができるからです。次男が遺留分侵害額の請求をすれば、相続財産の4分の１相当額を長男は渡さなくてはなりません。

そうしたことで家族に遺恨が残ったりしないよう、**遺留分**P41 P60相当にあたる額を次男に相続させるようあらかじめ遺言したり、それが難しければ可能な分を生前贈与しておき、**遺留分の放棄**P60をしてもらうのもひとつの手です。

必ず指定しておきたい頼りになる遺言執行者

遺言の内容を確実に実行してもらうためには、遺言の内容を実現するための一切の手続きを行う**遺言執行者**P63を必ず指定しておきましょう。よりスムーズに事を処理するには、弁護士などのプロに依頼するとより安心です。

ケース 2

夫婦だけで子どもがいない場合

それなりの交際期間を経てゴールイン。ただ今結婚3年目の阿部さん夫婦。共働きで、子どもがいないということもあり、余暇には共通の趣味やスポーツ、旅行などに興じる、お気楽な日々を過ごしています。さすがに病気などになったときのために保険に加入したりしましたが、それ以外は特に心配事もありませんでした。

――そんなある日、妻・聡美さんの姉から意外な発言が。いわく、「将来の相続のことを考えて遺言書を作成したほうがいい」と。年齢的にもピンとこないものの、聡美さんはそのことを夫・大輔さんに話しました。

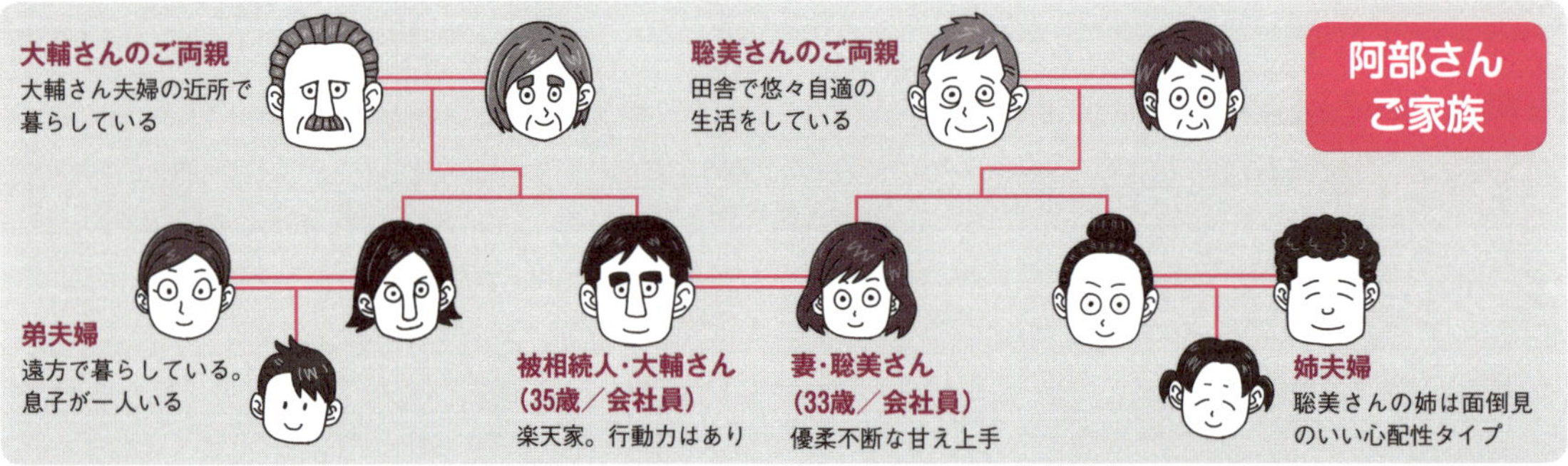

※それぞれの続柄は被相続人から見た場合のもの。

ケース2の状況まとめ

- 大輔さんと聡美さん夫婦は共働きで、子どもはいない
- 今のところ健康上の問題も、夫婦仲が悪いということもない
- お互いの両親、兄弟たちとも良好な関係を築いている

ケース 2

夫婦だけで子どもがいない場合
遺言書で面倒な法的手続きを減らす

大輔さんの遺言書

書き方についての詳細は ⬇P50

遺言書

遺言者 阿部大輔は、次の通り遺言する。

1．遺言者は、遺言者の有する次の不動産、預貯金等を含む財産の全部を、
遺言者の妻阿部聡美（1985年5月12日生）に相続させる。

（1）遺言者名義のマンションの一室（敷地権を含む）
所在／東京都杉並区布多見二丁目4番地3号　建物名称／布多見ハウス
種類／共同住宅　占有部分／２０３
構造／軽量鉄骨造　床面積／７５・６３平方メートル

（2）遺言者名義の預貯金
①ふたみ銀行　杉並支店（口座番号７３６２１２）
②富多銀行　布多見支店（口座番号７１８２４９）
に対する預貯金債券の全部

（3）その他、遺言者に属する一切の財産

2．遺言者は、妻阿部聡美を遺言執行者に指定する。

3．付言事項
自分になにかあったとき、聡美が安心して暮らせるよう、
この遺言書を作成しました。
聡美と出会うことができて幸せでした。とても感謝しています。
これから先、少しでも聡美の人生の支えになればと、
私の全財産を聡美に相続させたいと思います。
父さんと母さんには、どうか私の遺志を理解して、
聡美を支えてあげてほしいです。
どうかよろしくお願いします。

平成30年9月1日

住所　東京都杉並区布多見２丁目４番地３号布多見ハウス２０３

遺言者　阿部 大輔　（印：阿部）

大輔さんの法定相続人は…

妻・聡美さん

大輔さんの両親

解説

子どものいない夫婦こそ、実は遺言書が必要。夫婦2人きりの場合、全財産は必ず**推定相続人**（P62）である**被相続人**（P63）の配偶者（妻や夫）にいくものと考えがちですが、法律上は被相続人の**直系血族**（P12）にも相続権があるからです。被相続人の親が健在であれば親には3分の1の**相続権**（P62）がありますし、親が亡くなっている場合も、被相続人に兄弟姉妹がいれば、彼らに4分の1の財産がいきます（兄弟姉妹が

聡美さんの遺言書 書き方についての詳細は ➡P50

遺言書

遺言者 阿部聡美は、次の通り遺言する。

1．遺言者は、遺言者の有する次の財産の全部を、
　遺言者の夫阿部大輔（1983年4月26日生）に相続させる。
　（1）遺言者名義の預金
　　・ふたみ銀行　杉並支店（口座番号６２８８２３）
　　　に対する預貯金の全部
　（2）遺言者名義の有価証券
　　・三木本株式会社の株式２０００株
　　・MITAエンタテインメント株式会社の株式１０００株
　　・株式会社三田原百貨店の株式１０００株
　（3）その他、遺言者に属する一切の財産

2．遺言者は、夫阿部大輔を遺言執行者に指定する。

3．付言事項
　大輔さん、いつもいつもありがとう。
　あなたと結婚できて幸せでした。

平成30年9月1日

住所　東京都杉並区布多見２丁目４番地３号布多見ハウス２０３

遺言者　阿部 聡美　（印：阿部）

※聡美さんの法定相続人は、夫・大輔さん、聡美さんの両親になります。

亡くなっているときは**代襲相続**P62というものもあります）。

しかし、「配偶者に全財産を相続させる」という遺言書を作っておけば、記載された内容が実行されます。ただし、1年以内に被相続人の親が**遺留分侵害額の請求**P60をしてきたら応じなければなりません（兄弟姉妹には**遺留分**P41 P60がないので、その心配はありません）。

ココがポイント！

返済中の住宅ローンも被相続人の財産のひとつ

居住中の家がローン返済中の場合、その事実もきちんと遺言しておきましょう。その際、住宅ローンの負債が、住宅の時価を含めた総財産より上回っている場合は、**相続放棄**P62も可能です。

一方、預貯金などのプラス財産と住宅ローンのマイナス財産の割合がわからない場合は、**限定承認**P61をしておきましょう。これは、**相続人**P34 P62が不利益を被らないよう、被相続人のマイナス分は背負わなくてもいいという制度です。

相続放棄も限定承認も、相続開始を知ったときから3カ月以内に申し立てが必要となるので、注意しましょう。

子どもがいない場合は20代でも遺言書の準備を

子どものいない夫婦は、配偶者のほか、被相続人の親が相続人に。親がいない場合は兄弟姉妹が、兄弟姉妹の死亡後はその子が相続人になるので、夫婦ともに早めに遺言書を作成しておきましょう。

ケース 3

相続人がたくさんいる場合

現在の工藤さん一家は、清さんが妻と離婚後に再婚してからの家族。先妻の子2人と合わせると、清さんには5人の子どもがいることになります。しかし、妻2人はすでに亡くなっており、先妻と後妻の子どもたちの間にやりとりはまったくありません。清さん自身は今、後妻の長男・博さんと同居。病床にあり、兄弟たちは心配しています。

――卒寿まであと3年の清さん。妻2人には先立たれ、先妻の子どもたちとは疎遠に。後妻の長男に面倒をみてもらっていますが、病気にかかり、その経過は今ひとつ。長兄から電話で父の様子を聞いた弟たちは……。
まずいなぁ……大丈夫かなぁ
親父の退院いつになるかわからないって
つまり何があるかわからないから覚悟しとけってことなんだろう
ただ、遺産のこととか話したことないんだよな。親父、再婚もしてるし子どもが合計5人も
こりゃ、意識があるうちに遺言書でも書いておいてもらうかな
そうだな……前の奥さんとの子どもって2人いるんだっけ?
会ったこともないしな。万が一のときにもめなきゃいいけどな

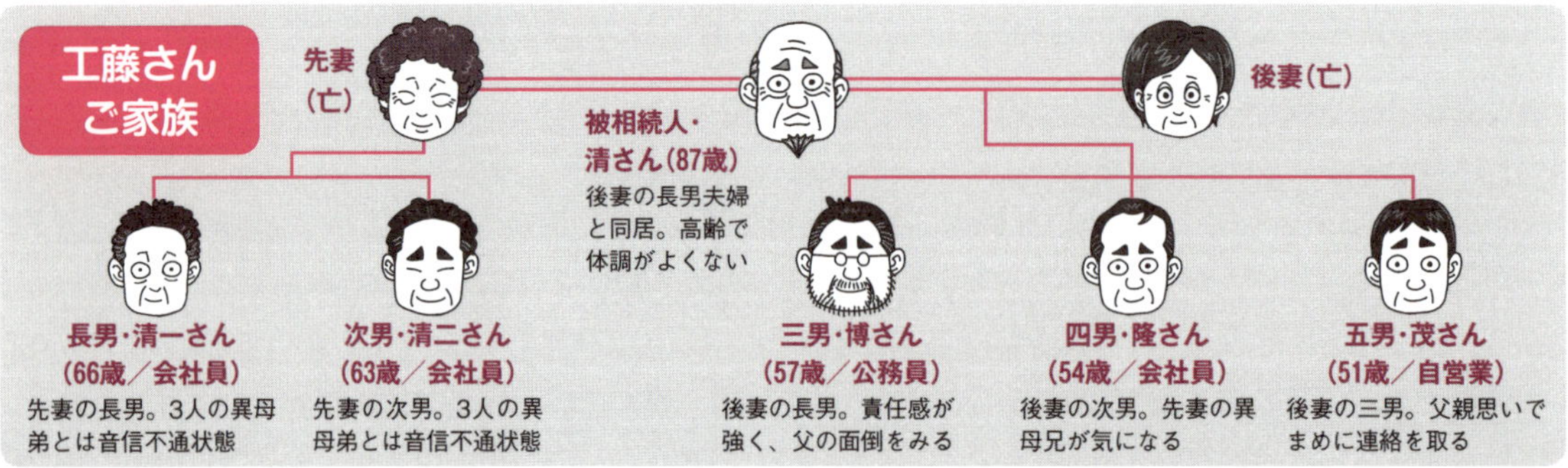

工藤さんご家族
先妻(亡)
被相続人・清さん(87歳)
後妻の長男夫婦と同居。高齢で体調がよくない
後妻(亡)
長男・清一さん(66歳/会社員)
先妻の長男。3人の異母弟とは音信不通状態
次男・清二さん(63歳/会社員)
先妻の次男。3人の異母弟とは音信不通状態
三男・博さん(57歳/公務員)
後妻の長男。責任感が強く、父の面倒をみる
四男・隆さん(54歳/会社員)
後妻の次男。先妻の異母兄が気になる
五男・茂さん(51歳/自営業)
後妻の三男。父親思いでまめに連絡を取る

※それぞれの続柄は被相続人から見た場合のもの。

ケース3の状況まとめ

◆**被相続人**P63・清さんは2人の妻との間に5人の子をもうけた

◆2人の妻はすでに亡くなり、5人の子どもたちの間に交流はない

◆後妻との間の長男・博さんが清さんの面倒をみており、財産管理などもしている

ケース3

相続人がたくさんいる場合

遺言書は大切、できるだけ交流も

清さんの遺言書

書き方についての詳細は ⬇P50

遺言書

遺言者　工藤清は、次の通り遺言する。

遺言者は、遺言者の遺産の分割協議において、以下の通り分割方法を指定する。

一、以下の土地、建物は、三男工藤博（一九六一年二月十六日生）に相続させる。

（一）土地

所在／群馬県前橋市本多町二丁目　地番／三番地六

地目／宅地　地積／83・85平方メートル

（二）建物

所在／群馬県前橋市本多町二丁目　家屋番号／三番地六

種類／居宅　構造／木造瓦葺2階建て

床面積／一階　70・32平方メートル　二階　52・13平方メートル

二、次の預貯金および株式、債券を含む全ての金融資産は、

長男である工藤清一、次男の工藤清二、四男の工藤隆、五男の工藤茂に

それぞれ四分の一の割合で相続させる。

（一）遺言者名義の預貯金および債券

ふたみ銀行　前橋支店（口座番号538712）

（二）遺言者名義の有価証券

富多銀行株式会社の株式200000株

※相続人ごとに生年月日を記入する

清さんの法定相続人は…

長男・清一さん
次男・清二さん
三男・博さん
四男・隆さん
五男・茂さん

解説

このケースのように**相続人**P34が多い上、相続人同士の交流P62がないと、感情的な衝突や確執が生じ、**遺産分割協議**P60がスムーズに行われないこともしばしば。そんな事態を避けるためにも、**被相続人**P63の生前に相続人全員で話し合い、遺言書を作っておきましょう。

父親や兄弟姉妹に遺産相続の話を持ちかけるのは勇気がいりますが、後で相続争いをするよりは、間に入ってくれる父親が

（三）その他、遺言者に属する一切の財産

三、遺言者は、遺言執行者に次の者を指定する。

弁護士　斉藤 孝雄

※住所・生年月日を記入する

四、付言事項

代々続いた工藤家の土地建物は、同居していろいろと面倒をみてくれた博に残すことにした。清一、清二、隆、茂には金融財産を相続させるので、それで了解してほしい。5人とも私の大切な息子たちだ。これを機に、絆を深めて仲良くやってくれることを希望する。

平成三十年七月十五日

住所　群馬県前橋市本多町二丁目三番地六

遺言者　工藤 清　（工藤）

いるうちにそうした場を設けたほうが賢明です。

なお、財産の中に不動産がある場合、不動産については特定の相続人に与え、それ以外の金融資産をその他の相続人で分割すると、不動産の細分化を防げます。財産の内容によっては、現状を説明して理解を求め、一部の相続人に**遺留分の放棄**P60をしてもらうのもおすすめです。

ココがポイント！

遺産の分け方について事前の話し合いも大切

相続人が2人以上いる場合、1人に不動産を与える遺言を残しても、他の相続人が**遺留分侵害額の請求**P60をする可能性があります。その場合、**遺留分**P41 P60を支払う余裕がないと、相続した土地を手放すことにもなりかねません。こうしたケースは少なくないため、なるべく遺留分を侵害しないようにあらかじめ遺産を分けたり、相続人の間で事前に話し合いの場を設けておくことが大切です。

同じく、親族との関係が疎遠だったり、相続人が多い人も、遺産の分け方についてはよく考えましょう。

再婚の場合は双方の子に配慮した遺産分けを

このケースの場合、遺産の分け方には配慮が必要。たとえば、前妻との生活で築いた財産や配偶者から相続した財産は、前妻の子に。再婚後に築いた財産や後妻から相続した財産は、後妻の子に相続させるといったことです。

ケース 4

法定相続人以外に遺産を渡したい場合

妻に先立たれた上野孝弘さんは、5年前から一人暮らし。離れて暮らす3人の息子たちのことは「それぞれの人生があるから」と受け入れている状況です。そんな孝弘さんと、同じく近所で一人暮らしをしている渡部正雄さんとは、境遇も似ており、気のおけない友人関係。今日も今日とてお茶を飲みにやってきた正雄さんと話していると……。

――ある程度以上の歳になると、「もしものとき」の話は、お天気の話のようなもの。今日の2人の話題もそうでしたが、この日の孝弘さんは、いつになく真剣モード。正雄さんを驚かす、こんな発言も飛び出して……。

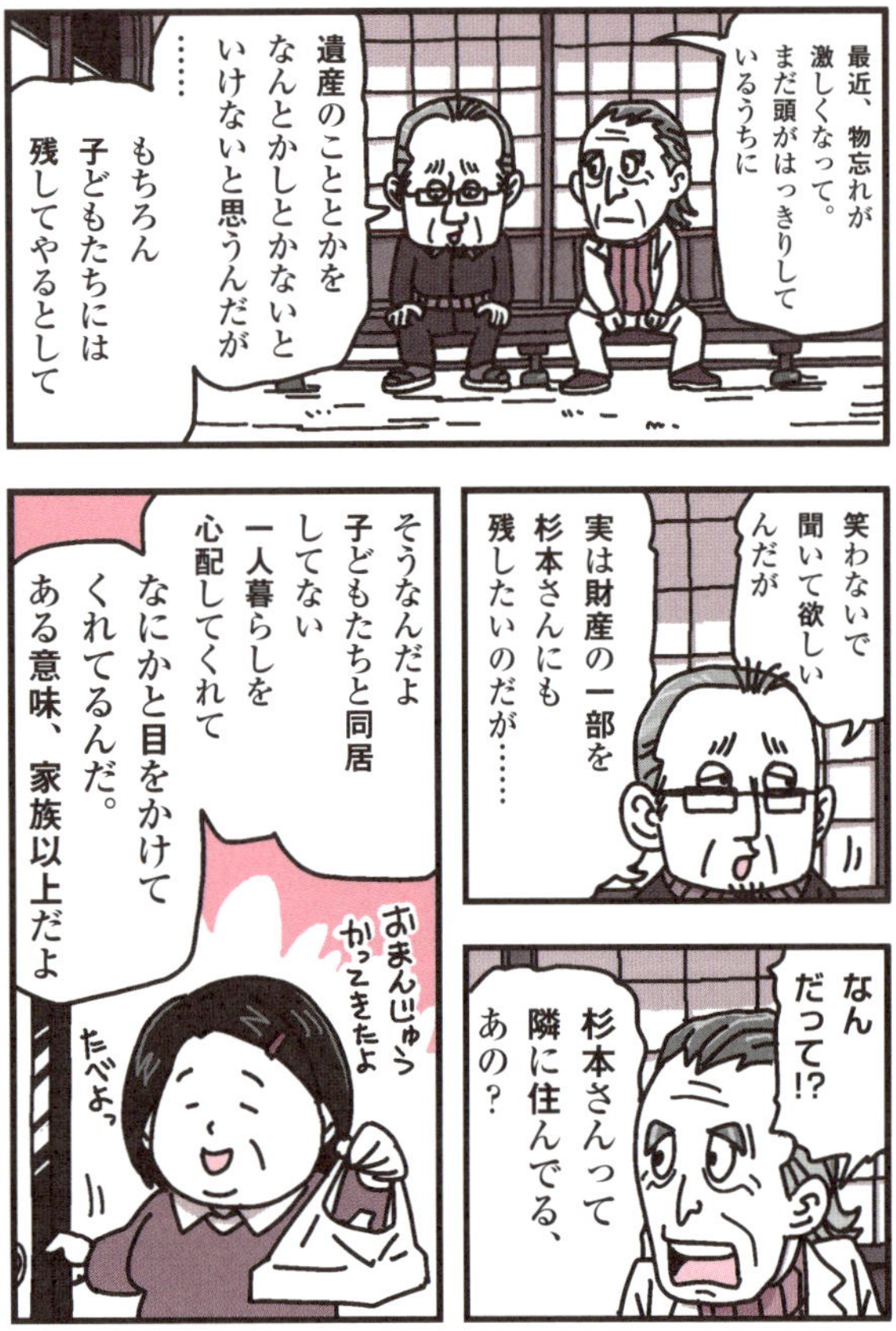
最近、物忘れが激しくなって。まだ頭がはっきりしているうちに
遺産のことをなんとかしとかないといけないと思うんだが……
もちろん子どもたちには残してやるとして
笑わないで聞いて欲しいんだが
実は財産の一部を杉本さんにも残したいのだが……
なんだって!?
杉本さんって隣に住んでる、あの?
そうなんだよ子どもたちと同居してない一人暮らしを心配してくれて
なにかと目をかけてくれてるんだ。
ある意味、家族以上だよ
おまんじゅうかってきたよ
たべよっ

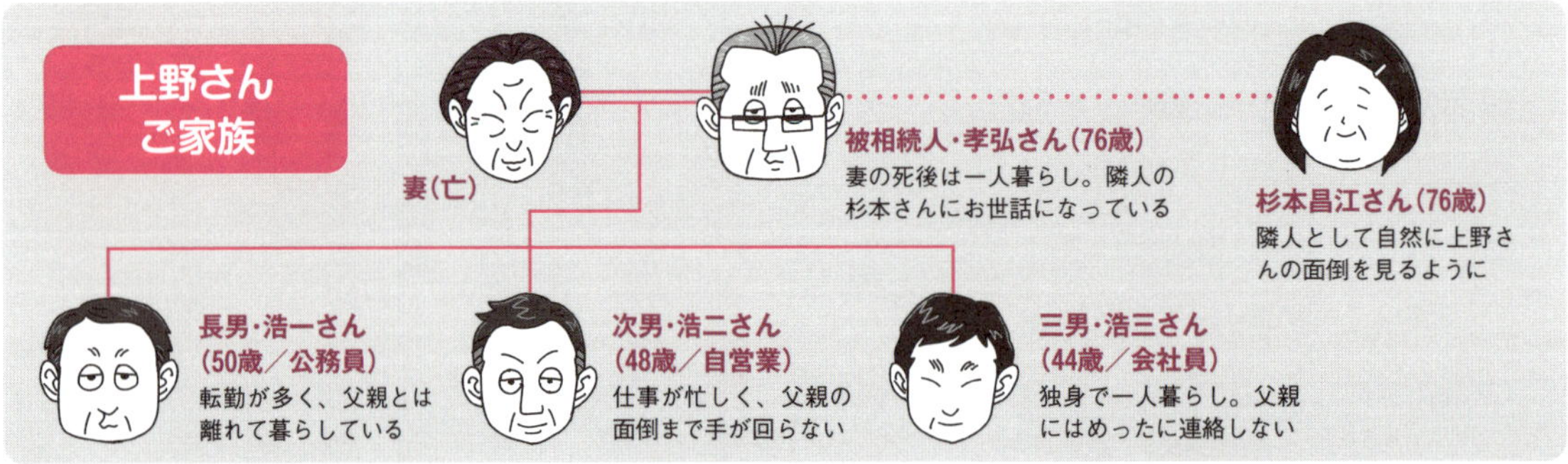
上野さんご家族
妻(亡)
被相続人・孝弘さん(76歳)
妻の死後は一人暮らし。隣人の杉本さんにお世話になっている
杉本昌江さん(76歳)
隣人として自然に上野さんの面倒を見るように
長男・浩一さん(50歳/公務員)
転勤が多く、父親とは離れて暮らしている
次男・浩二さん(48歳/自営業)
仕事が忙しく、父親の面倒まで手が回らない
三男・浩三さん(44歳/会社員)
独身で一人暮らし。父親にはめったに連絡しない

※それぞれの続柄は被相続人から見た場合のもの。

ケース4の状況まとめ

- **被相続人** P63・孝弘さんの3人の子どもたちはそれぞれ別の場所で暮らしており、父親の面倒などは特にみていない
- 隣家の杉本さんは、一人暮らしの孝弘さんのことを何かと気遣い、世話を焼いてくれる、孝弘さんの心の支えのような存在
- 法定相続人である子どもたちは杉本さんの存在を知らない

ケース **4**

法定相続人以外に遺産を渡したい場合

子どもたちへの説明も大切

孝弘さんの遺言書　書き方についての詳細は ⬇P50

遺言書

遺言者 上野孝弘は、次の通り遺言する。

一、遺言者は、遺言者の有する次の財産を、杉本昌江（一九五二年十一月三日生）に
遺贈する。

（一）土地
所在／神奈川県小田原市二見沢一丁目　地番／三番地七
地目／宅地　地積／102・72平方メートル

（二）建物
所在／神奈川県小田原市二見沢一丁目　家屋番号／三番地七
種類／居宅　構造／木造瓦葺二階建て
床面積／一階　80・34平方メートル　二階　45・87平方メートル

二、遺言者は、遺言者の有する次の財産（株式、債券を含む金融資産）を
長男上野浩一、次男の上野浩二、三男である上野浩三に相続させる。
相続割合はそれぞれ三分の一ずつとする。

※相続人ごとに生年月日を記入する

（一）遺言者名義の預貯金および債券
①ふたみ銀行　小田原支店（口座番号638921）
②神奈川銀行　小田原支店（口座番号362278）

三、遺言者は、前記一・二・に示した財産以外に、遺言者の有する財産があった場合、

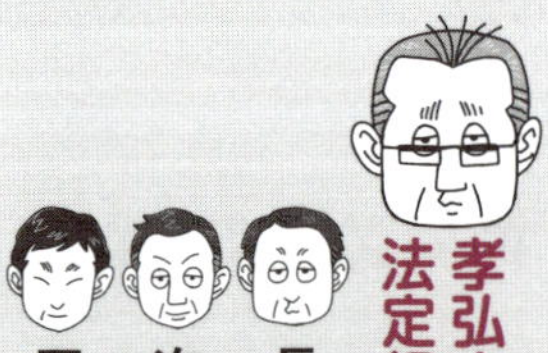

孝弘さんの法定相続人は…
長男・浩一さん
次男・浩二さん
三男・浩三さん

解説

このケースのように**被相続人**P63が**法定相続人**P34 P62以外の第三者に財産を譲りたいという場合、遺言書は不可欠。遺言書なしに希望が実現することはまず難しいでしょう。おまけに、やはり**遺留分**P41 P60の問題が出てくることを忘れてはいけません。

被相続人である孝弘さんが遺言書の**付言事項**P63で杉本さんを**受遺者**P61に、と願いを託しても、3人の息子たちには合わせて2分の1の遺留分があるため、異

かかるすべての財産を杉本昌江に遺贈する。
四、遺言者は、次の者を遺言執行者に指定する。
弁護士　松本　健太郎

※住所・生年月日を記入する

五、付言事項
杉本昌江さんには、いろいろと気にかけてもらい、本当に感謝しています。
恩返しを思案し、遺言を残すことにした次第。
兄弟はなるべく平等にと考え、金融資産を等分に相続させるので、
どうか杉本さんへの配慮を希望する。よろしく頼みます。

平成三十年十月三日

住所　神奈川県小田原市二見沢一丁目三番地七

遺言者　上野　孝弘

議を申し立てる可能性は十分に考えられます。

しかし、そうなるとお世話になっている杉本さんを、逆に遺産相続に巻き込んでしまうことに。それを回避するためには、事前に杉本さんに**遺贈**P60を希望する不動産の評価額の算定をしておき、息子たちの遺留分を侵害しないよう配分しておくことなどが大切です。

ココがポイント！

押さえておきたい「相続」と「遺贈」の違い

法定相続人に財産を与えるときは「相続させる」と書きますが、第三者に財産を与える場合は「遺贈する」と表記しなければなりません。相続人に「遺贈する」と書くのは問題ありませんが、第三者に「相続させる」と書くのは誤り。気をつけましょう。

思い当たらなくても必須の便利な一文

被相続人の死後、本人が遺言するのを忘れていた財産が出てくることがあります。その場合、相続人全員で改めて**遺産分割協議**P60をしなければならず、二度手間な上に、その財産を巡って大きなトラブルになりがちです。

そんなことにならないよう、この遺言書の「三、」のように、万が一記載のない財産が見つかった場合、誰が相続するのかの一文を入れておきましょう。この一文は不測の事態に対応できる便利な一文なので、必ず入れておいてください。

ケース **5**

外国人と結婚している場合

由香さんがやさしい外国人のご主人と結婚して7年。かわいい2人の娘にも恵まれ、専業主婦として幸せな毎日を送っていました。しかしある日、夫が全治1カ月の交通事故に遭遇！　これをきっかけに、由香さんの心には不安がよぎるようになりました。それは誰もが持つ不安ではあるものの、夫が外国人だからこその悩みもあり……。

——外国人の夫の財産の相続手続きというのは、少し特殊らしいと知った由香さん。誰に相談してよいか迷った末、昔からの友人で、社会人経験も豊富な京子さんに、お茶をしがてら、話を聞いてもらうことに。

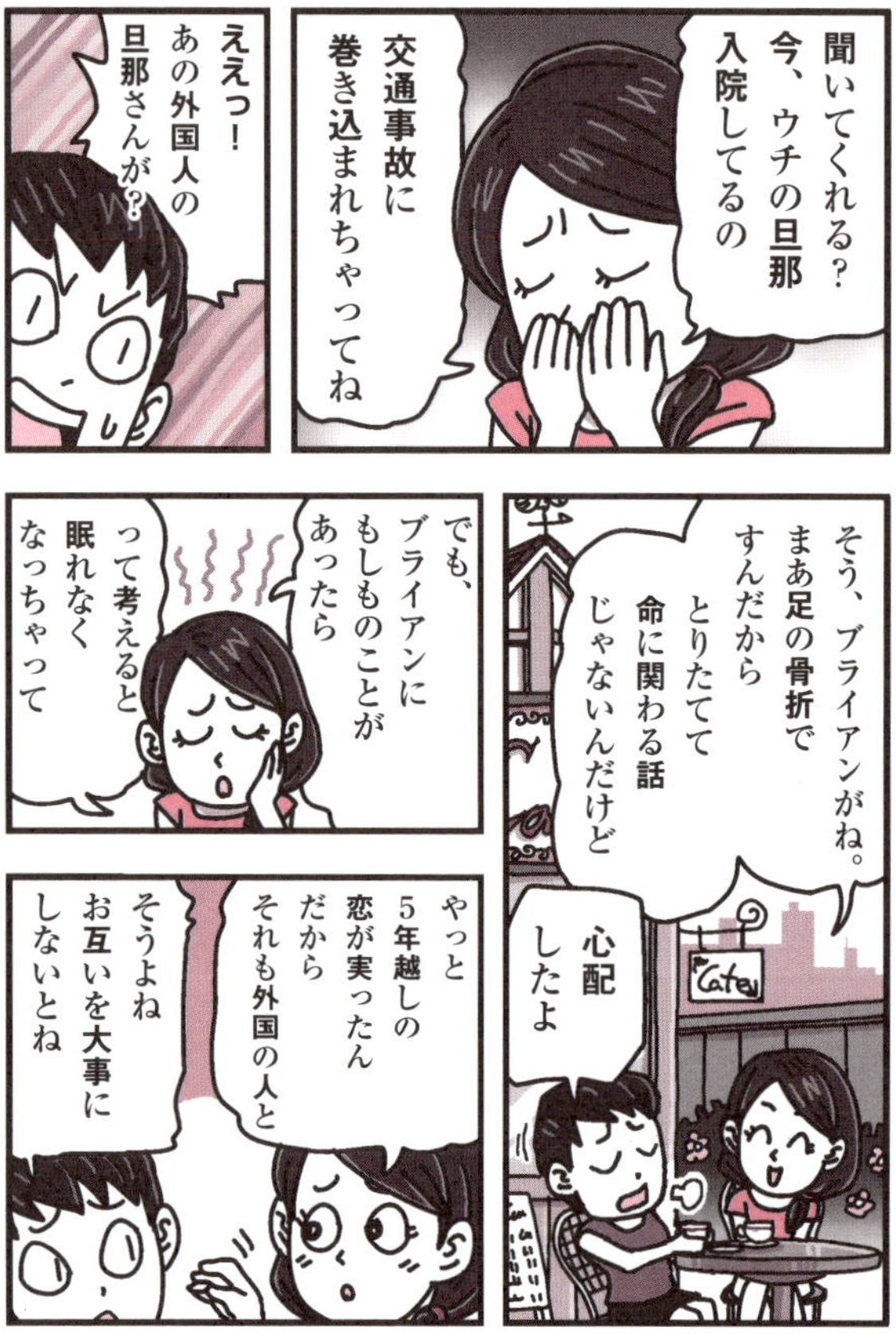
聞いてくれる？今、ウチの旦那入院してるの
交通事故に巻き込まれちゃってね
ええっ！あの外国人の旦那さんが？
そう、ブライアンがね。まあ足の骨折ですんだからとりたてて命に関わる話じゃないんだけど
心配したよ
Cafe
でも、ブライアンにもしものことがあったら
って考えると眠れなくなっちゃって
やっと5年越しの恋が実ったんだからそれも外国の人と
そうよねお互いを大事にしないとね

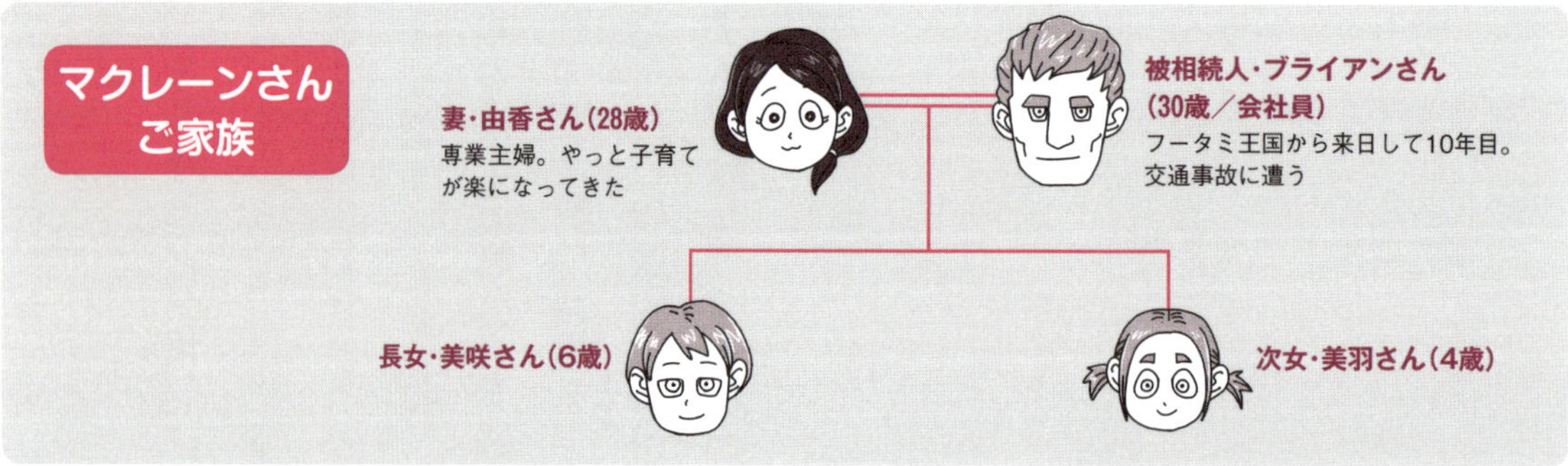
マクレーンさんご家族
妻・由香さん（28歳）
専業主婦。やっと子育てが楽になってきた
被相続人・ブライアンさん（30歳／会社員）
フータミ王国から来日して10年目。交通事故に遭う
長女・美咲さん（6歳）
次女・美羽さん（4歳）

※それぞれの続柄は被相続人から見た場合のもの。

ケース5の状況まとめ

- 被相続人である由香さんの夫は外国人
- 外国人の妻との間の相続などに関して、夫の国の法律でどう定められているかは把握できていない
- 日本と夫の国、どちらの法律が適用されるのかもわからない

ケース 5

外国人と結婚している場合

とにかく相手のお国事情を確認

ブライアンさんの遺言書

書き方についての詳細は ↓P50

遺言書

遺言者 ブライアン・マクレーンは、次の通り遺言する。

1. 遺言者は、遺言者の有する次の財産を、
遺言者の妻由香・マクレーン（1990年4月3日生）に相続させる。
遺言者名義のマンションの一室（敷地権を含む）
所在／東京都三鷹市双美橋五丁目3番地18号
建物名称／エトワール双美橋　種類／共同住宅　占有部分／603号
構造／鉄筋コンクリート造　床面積／84・53平方メートル

2. 遺言者は、遺言者名義の預貯金および債券の全部を含む以下の財産を
遺言者の長女美咲・マクレーン（2012年4月22日生）、
次女美羽・マクレーン（2014年6月5日生）に相続させる。
なお、相続割合は、それぞれ2分の1ずつとする。
①ふたみ銀行　三鷹支店（口座番号927554）
②富多銀行　吉祥寺支店（口座番号453836）
③タミーネット銀行　タカ支店（口座番号738292）

ブライアンさんの法定相続人は…
（出身国によって異なる）

解説

日本に住んでいる外国人でも遺言書を作ることはもちろん可能。遺言書の方式は、日本の方式でも、国籍のある国の方式でも認められています。なお、ブライアンさんは日本語で遺言書を書いていますが、使用する言語は、日本語でも母国語でも問題ありません。自分自身で理解して正しく書くことのできる言語を使ってください。

外国人の遺言書について気をつけなければならないのが、ど

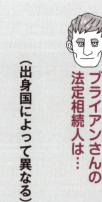

3．遺言者は、1と2に記載以外の財産があった場合はその一切を
妻由香・マクレーンに相続させる。

4．遺言者は、遺言執行者に次の者を指定する。
弁護士　斉藤 孝雄
住所　東京都渋谷区朝陽二丁目3番14号
生年月日　1973年10月9日

2018年8月25日

住所　東京都三鷹市双美橋5-3-18 エトワール双美橋603

遺言者　ブライアン・マクレーン

この国の法律が適用されるかということです。このケースのように、遺産相続に関しては日本の民法ではなく、「**法の適用に関する通則法**P63」の36条に従い、**被相続人**P63が国籍を有する国の法律が適用されるのです。配偶者が外国人の場合は必ず、国籍を有する国の相続がどのように規定されているのか、法律をよくチェックしておきましょう。

ココがポイント！

国による相続の考え方は大きく分けて2つ

世界には、不動産と**動産**P62（現金、預金、株など）を区別しない国と、不動産と動産を分けて考える国があります。後者は、不動産については所在する国の法律に従い、動産については被相続人の住所地法または本国法によるという考え方。複数の国に不動産を所有している場合、それぞれの国の法律を調べる必要があります。

印鑑文化の日本でも外国人は捺印不要

印鑑文化の日本では、第三者の手を借りて作る**公正証書遺言**P58を日本人が作成する場合、**印鑑証明**P60と実印が必要となります。しかし、世界的にはサイン文化が主流。そのため、在日外国人が日本法の方式の公正証書遺言を作る場合は、捺印の代わりに署名に加えて拇印または指印を使うことも可能。本人確認には、本国政府発行の旅券か、法務省発行の在留カードを提示すれば大丈夫です。

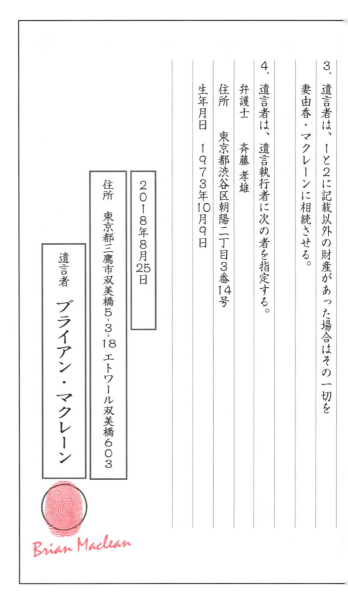

ケース 6

未成年の子どもがいる場合

直樹さんの妻・麻衣さんは主婦。夫の遺産は当然、自分と子どもが相続。面倒な手続きは無縁と考えていましたが……。

子が未成年だと「遺産分割協議」に「特別代理人」が必要と聞き、びっくり！

登場人物

被相続人・河野直樹さん（32歳・会社員）
妻・麻衣さん（29歳・主婦）
長男・翔くん（4歳）
長女・結衣ちゃん（2歳）

※それぞれの続柄は被相続人から見た場合のもの。

解説

遺産分割P60をするために**相続人**P34 P62が協議する「**遺産分割協議**P60」。未成年が相続人の場合、本人の代わりに協議を行う「**特別代理人**P62」を親以外で選任しなければなりません。特別代理人は、遺産分割協議書に署名・捺印、戸籍謄本や住民票、身分証明書を用意したりと、なかなか面倒。ただし遺言書があれば不要です。

書き方についての詳細は ⬇P50

遺言書

遺言者 河野直樹は、次の通りに遺言する。

一、遺言者は、遺言者の有する以下の財産を、
遺言者の妻河野麻衣（1989年7月26日生）に相続させる。
（一）遺言者名義のマンションの一室（敷地権を含む）
所在／埼玉県さいたま市浦和区富田五番地二十六号
建物名称／ルミエール富田　種類／共同住宅　占有部分／708号
構造／鉄筋コンクリート造　床面積／75・86平方メートル
（二）遺言者名義の預貯金
①フタミ銀行　浦和支店（口座番号893322）
②タミーネット銀行　ヒツジ支店（口座番号354536）

二、その他、遺言者に属する一切の財産を妻河野麻衣に相続させる。

三、遺言執行者には、妻河野麻衣を指定する。

四、付言事項
麻衣、いつもありがとう。麻衣と翔と結衣が少しでも笑顔で過ごせるように、
遺言書を作りました。
翔と結衣はパパの宝物です。2人ともママの言うことをよく聞いて、
ママを支えてあげてください。パパはみんなの幸せを祈っています。

※最後に日付と住所と氏名を書いて押印します

ケース 7

夫婦が内縁関係にある場合

長年一緒に暮らしている哲也さんと陽子さん。しかし、改姓や親戚づきあいを避けるため事実婚P61を選んでいます。今後も入籍の予定はありませんが、彼に何かあった場合、どうすれば？

登場人物

被相続人・滝野哲也さん（48歳・自由業）
パートナー・三浦陽子さん（41歳・自由業）

※それぞれの続柄は被相続人から見た場合のもの。

解説

法律上、**内縁関係**P62の2人は、お互いの**法定相続人**P34 P62にはなれません。この場合、哲也さんの親が健在なら相続財産は親に、他界している場合でも兄弟姉妹がいればそちらにいきます。親兄弟がいない場合、陽子さんが**特別縁故者**P62になる可能性はありますが、確実ではないので遺言書を用意しておきましょう。

書き方についての詳細は ➡P50

遺言書

遺言者 滝野哲也は、次の通り遺言する。

一、遺言者は、遺言者の有するすべての財産を、
三浦陽子（一九七七年十二月三日生）に遺贈する。

二、遺言者は、遺言執行者に次の者を指定する。
弁護士　斉藤 孝雄
住所　東京都渋谷区朝陽二丁目三番十四号
生年月日　一九七三年十月九日

三、付言事項
未入籍という形を選択しましたが、三浦陽子とは長年生活をともにし、夫婦以上に支えてもらいました。これから先、私に何かあったとしても、陽子がこれまで通り生活できるよう、私の財産を残します。父さんも母さんも、私の願いを理解して、陽子を温かく見守ってくれるとうれしいです。
どうぞよろしくお願いいたします。

※最後に日付と住所と氏名を書いて押印します

ケース8 息子の嫁にも遺産を渡したい場合

妻の他界後、長男家族と同居している和彦さん。介護が必要となった今、長男の嫁・久美子さんに世話になりどおしで……。

息子や娘より、献身的に面倒をみてくれる久美子さんに財産を譲りたい。

登場人物

被相続人・黒谷和彦さん(78歳)
長男・稔さん(56歳・会社員)
長男の妻・久美子さん(54歳・主婦)
長女・細川明美さん(52歳・主婦)

※それぞれの続柄は被相続人から見た場合のもの。

解説

息子の嫁は**法定相続人**(P34)(P62)ではないので、遺言書にも配慮が必要です。特に気をつけたいのが**遺留分**(P41)(P60)。息子や娘がいる場合、久美子さんに全額相続させるのは難しいので、このケースのように息子や娘には遺留分に限って相続させる旨を遺言しておくのが賢明。また、**遺留分の放棄**(P60)をしてもらう方法もあります。

書き方についての詳細は ⬇P50

遺言書

遺言者 黒谷和彦は、次の通り遺言する。

一、遺言者は、遺言者の有する次の土地・建物を、
長男の妻黒谷久美子(一九六四年一月二十六日生)に遺贈する。
□□□□□□□□□□□□□□□□□□□□□□□□

二、遺言者は、遺言者の有する以下の財産について、
長男黒谷稔(一九六二年三月五日生)、
長女細川明美(一九六六年九月十五日生)の遺留分を侵害しない範囲で
すべて長男の妻黒谷久美子に遺贈する。
また、長男、長女に対しては遺留分に限り相続させるものとする。
(一)遺言者名義の預貯金
ふたみ銀行 品川支店(口座番号318723)

三、遺言者は一、二に記載以外の財産があった場合は
そのすべてを長男の妻黒谷久美子に遺贈する。

四、遺言者は、次の者を遺言執行者に指定する。
弁護士 斉藤 孝雄

※土地建物に関する詳細を記入

※住所、生年月日を記入

※最後に日付と住所と氏名を書いて押印します

ケース 9

長男に事業を継いでもらいたい場合

会社を経営している耕介さん。長男・英樹さんは同社で副社長に。次男・友春さんは他業種へ進み、長女は嫁いでいます。

跡継ぎの長男にすべてを譲りたいが、他の2人の子たちが納得するか……。

解説

個人企業の場合、たとえ事業用資産だとしてもすべてが個人の財産とみなされます。そのため、**遺産分割**P60の方法を間違えると、事業用資産が分散してしまい、結果的に事業継続ができなくなるケースも。それだけに、次男と長女の**遺留分**P41を侵害しない範囲で、長男に家業を継がせることを遺言しておきましょう。

登場人物

被相続人・緒方耕介さん（67歳）
長男・英樹さん（42歳・副社長）
次男・友春さん（40歳・会社員）
長女・相馬香織さん（36歳・主婦）

※それぞれの続柄は被相続人から見た場合のもの。

書き方についての詳細は ⬇P50

遺言書

遺言者　緒方耕介は、次の通り遺言する。

一、遺言者は、遺言者の有する以下の土地・建物を、
遺言者の長男緒方英樹（一九七六年四月二十日生）に相続させる。
□□□□□□□□□□□□□□□□□□□□□□

※土地建物に関する詳細を記入

二、遺言者は、ふたみ銀行における遺言者の有する預金・債券のすべてを、
長男英樹に相続させる。

※銀行名、口座番号など詳細を記入

三、遺言者は、遺言者の有する以下の金融資産において、次男緒方友春、
長女相馬香織（※各相続人ごとに生年月日を記入）に相続させる。
その割合はそれぞれ二分の一ずつとする。
□□□□□□□□□□□□□□□□□□□□□□

※相続人ごとに生年月日を記入

四、遺言者は一及び二、三に記載した以外に遺言者の有する財産があった場合、
かかる財産の一切を長男緒方英樹に相続させる。

五、遺言者は、次の者を遺言執行者に指定する。
弁護士　　斉藤　孝雄

※住所、生年月日を記入

六、付言事項
緒方商事の経営については、これまで右腕として一緒に働いてくれた長男英樹を
後継者に指名する。友春と香織には、金融資産を相続させるので、それで納得し、
英樹の事業運営を見守ってやってほしい。

※最後に日付と住所と氏名を書いて押印します

ケース **10**

介護が必要な家族がいる場合

子どもがいない今田さん夫妻。3年前から介護が必要となった妻・京子さんと、なんとか支え合ってきましたが……。

もしも自分に何かあったとき、残された妻を考えると、とても心配です。

解説

要介護者が家族にいる場合、財産だけ残しても不安は消えません。第三者に財産を与える代わりに面倒をみてもらうという条件を付ける、**負担付遺贈**P63という方法がおすすめです。その際、**遺贈**P60と負担の内容が見合うよう、具体的にどう面倒をみるのか、京子さんや**受遺者**P61の岩永さんと話し合っておくのが重要です。

登場人物

- 被相続人・今田邦久さん（79歳）
- 妻・京子さん（69歳）
- 岩永直美さん（46歳・介護福祉士）

※それぞれの続柄は被相続人から見た場合のもの。

書き方についての詳細は ⬇P50

遺言書

遺言者 今田邦久は、以下の通り遺言する。

一、遺言者は、遺言者の有する次のすべての財産を、
介護福祉士岩永直美（一九七二年五月九日生）に遺贈する。

（一）遺言者名義のマンションの一室（敷地権を含む）
所在／東京都豊島区双海坂七丁目二番地十二号　建物名称／メゾン双海
種類／共同住宅　占有部分／２０６
構造／軽量鉄骨造　床面積／８５・１４平方メートル

（二）遺言者名義の預貯金
①ふたみ銀行　西池袋支店（口座番号３４９００９７）

二、一に示した財産の遺贈を受ける受遺者岩永直美は、
遺贈を受ける負担として遺言者の妻今田京子の生存中、
同人に対し、必要な医療看護を行うこと。

三、遺言者は、遺言執行者に次の者を指定する。
弁護士　斉藤　孝雄
住所　東京都渋谷区朝陽二丁目三番十四号
生年月日　一九七三年十月九日

※最後に日付と住所と氏名を書いて押印します

遺言書の基礎知識

しっかり押さえておきましょう

遺言書を書く前に
知っておきたい基本要素を
ここで整理、理解しておくと
遺言書作成のときにも
何かと役立ちますよ

1

遺言書の種類と特徴

遺言書には、いくつかの種類があります。その中で一般的に利用される遺言書の多くが、ここで紹介する2種類です。

自筆証書遺言（自分ですべて作成する遺言書）

最も一般的な遺言書

遺言書には、作成する状況やその方法によって、複数の種類があります。しかし、ほとんどが「自筆証書遺言」と「公正証書遺言P33 P58」になります。「自筆証書遺言」とは、遺言者本人が直接書き記して（財産目録についてはパソコン等での作成も可に▶▶P4）残す遺言書のこと。「遺言書」と聞いてほとんどの人が思い浮かべるのが、こちらです。

これは紙とペンと封筒、印鑑があれば法的効力があるものを書くことが可能。費用がかかることもなく手軽に作れますが、内容や形式が間違っていると、無効になってしまい、被相続人P63の望んだ相続手続きができないということも。下記の長所と短所をよく理解してから作るようにしましょう。

長所

- いつでも自由に書くことができ、作成しやすい
- 作成方法が比較的簡単
- 遺言の内容を他の人に知られない
- ほとんど費用がかからない
- 訂正・内容の書き直しが手軽

短所

- 形式や内容に不備があると、法的に無効になってしまう
- 偽造・改ざん・紛失・盗難の恐れ、保管場所によっては発見されない場合がある
- 開封時、家庭裁判所の検認P61手続きが必要となる（法務局に保管されていた場合、その検認は不要）

自筆証書遺言の作成→実行の大まかな流れ

①遺言書に書く内容を決める

↓

②遺言書の下書きをする

↓

③遺言書を清書、押印（財産目録はパソコン等で作成したものに署名押印でも可に）して封印する（法務局に保管する場合は封印しない）

↓

④遺言書を保管する（法務局、もしくは任意の場所で）

↓

相続発生

↓

⑤遺族は法務局に保管された遺言書の写しの交付請求及び遺言書原本の閲覧請求をする。もしくは遺言者が任意の場所で保管していた遺言書を見つけて、家庭裁判所の検認を受ける

↓

⑥遺言書の内容をもとに相続手続きをする

自筆証書遺言の作成→実行の流れについてもっと詳しく ▶▶ P42

公正証書遺言（公証役場で作成してもらう遺言書）

■専門家が作成、信頼度100％

「自筆証書遺言」に対し、法律の専門家でもある**公証人** P61 に作成してもらうのが「公正証書遺言」です。本人確認も行われるため遺言書の有効性が問われることもなく、**公証役場** P61 で原本を保管してもらえるので紛失や改ざんの恐れもありません。相続発生後は遺族が家庭裁判所で検認を受ける必要もないので、相続手続きも簡単。ただし、２人以上の**証人** P61 の立ち会いが必要になるなどの手間や、費用がかかります。

長所

- ◆法的に不備がなく安心
- ◆公証役場で原本を保管してもらえ、確実に遺言を実行できる
- ◆相続手続きはすぐにできる

短所

- ◆作成に手間と費用がかかる
- ◆公証人と証人に、遺言の存在と内容を知られてしまう

※ただし、公証人には守秘義務がある

公正証書遺言についてもっと詳しく ▶▶ P58

2 「法定相続人」とは

遺言書を作成する前に、自分の法定相続人が誰なのかを把握しておきましょう。必要ならば戸籍謄本で確認できます。

■法定相続人＝法の定めた相続人

相続人になれる人は、もともと法律で決められており、その人を**法定相続人**P62（または相続人）といいます。この範囲と順序も、法で定められています。

配偶者

被相続人P63の配偶者は、必ず相続人となります。

※ただし、未入籍の場合は認められていません。

配偶者以外については、次の順位で相続人が定められています。先の順位に相続人がいる場合、それ以降の人は相続の権利は発生しません。

①第一順位　子

養子や認知された子も含まれます。すでに亡くなっている場合、子の子ども（孫）が第一順位になります。

②第二順位　父母

①にあたる人が誰もいない場合、親が相続人となります。これには養父母も含まれますが、配偶者の親は含まれません。被相続人の親がともにいない場合は、その親（被相続人の祖父母）が相続人になります。

③第三順位　兄弟姉妹

前記の①②にあたる人がいない場合、兄弟姉妹が相続人となります。これには片親が異なる兄弟姉妹も含まれます。死亡した兄弟姉妹がいる場合は、その子ども（被相続人の甥姪）が相続人となります。

法定相続人の範囲

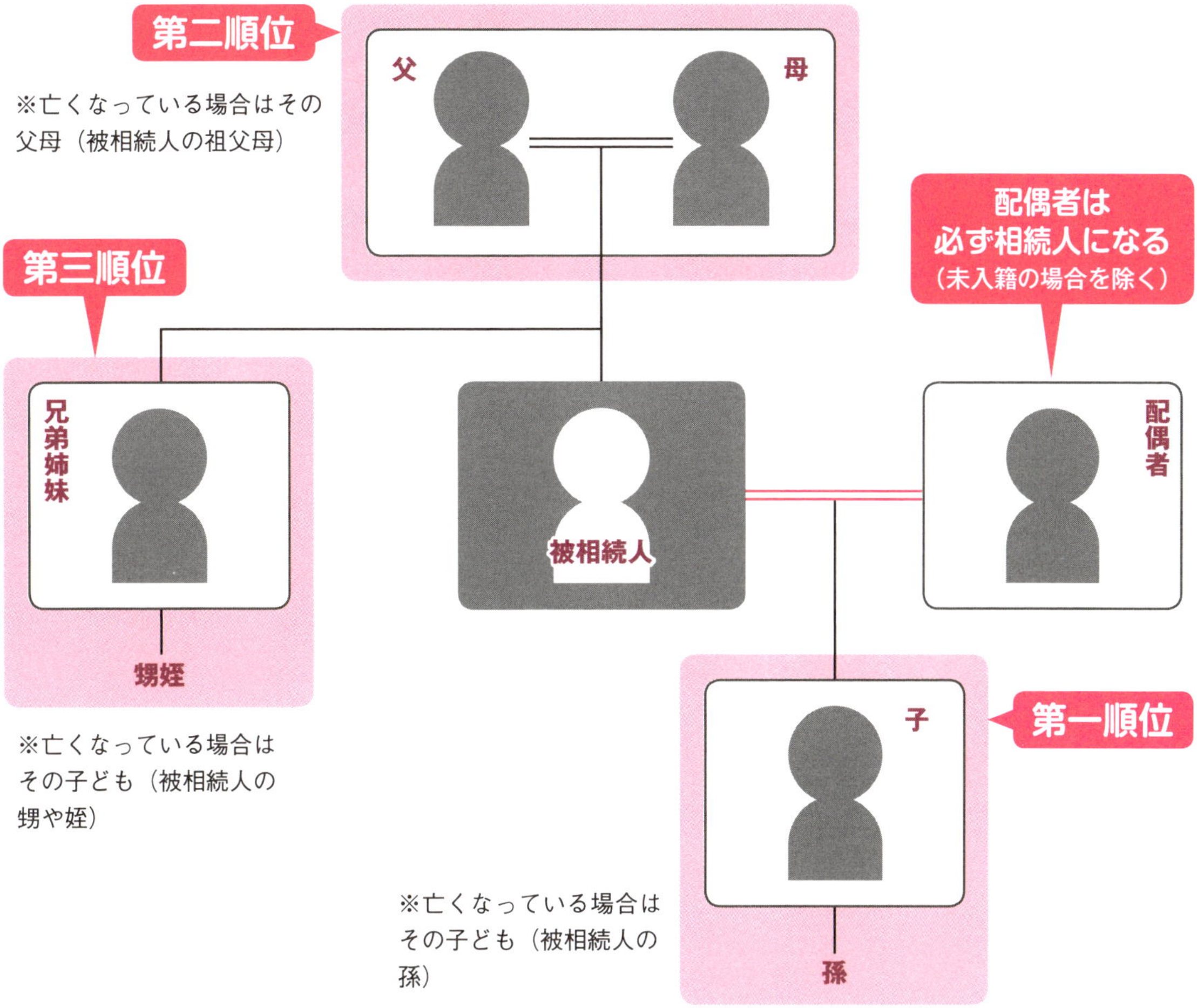

ケーススタディ
この場合のあなたの相続人は？

◆**配偶者と子がいる場合**
➡配偶者と子
※子がすでに亡くなっている場合は、その子ども（被相続人の孫）が相続人になる。

◆**配偶者がいて子がいない場合**
➡配偶者と父母
※父母が亡くなっている場合は、その父母（被相続人の祖父母）。

◆**配偶者がいて子や父母、もしくは祖父母がいない場合 ➡配偶者と兄弟姉妹**
※兄弟姉妹が亡くなっている場合は、その子ども（被相続人の甥や姪）になる。

◆**独身の場合 ➡父母**
※父母が亡くなっている場合は、祖父母。いずれもいなければ、兄弟姉妹。兄弟姉妹が亡くなっている場合は、甥か姪になる。

あなたの法定相続人は？

自分の**法定相続人**P34 P62を書き込み、リストを作ってみましょう。遺言したいことが、より明確になるはずです。

相続関係図　記入日（　　　　年　　月　　日）

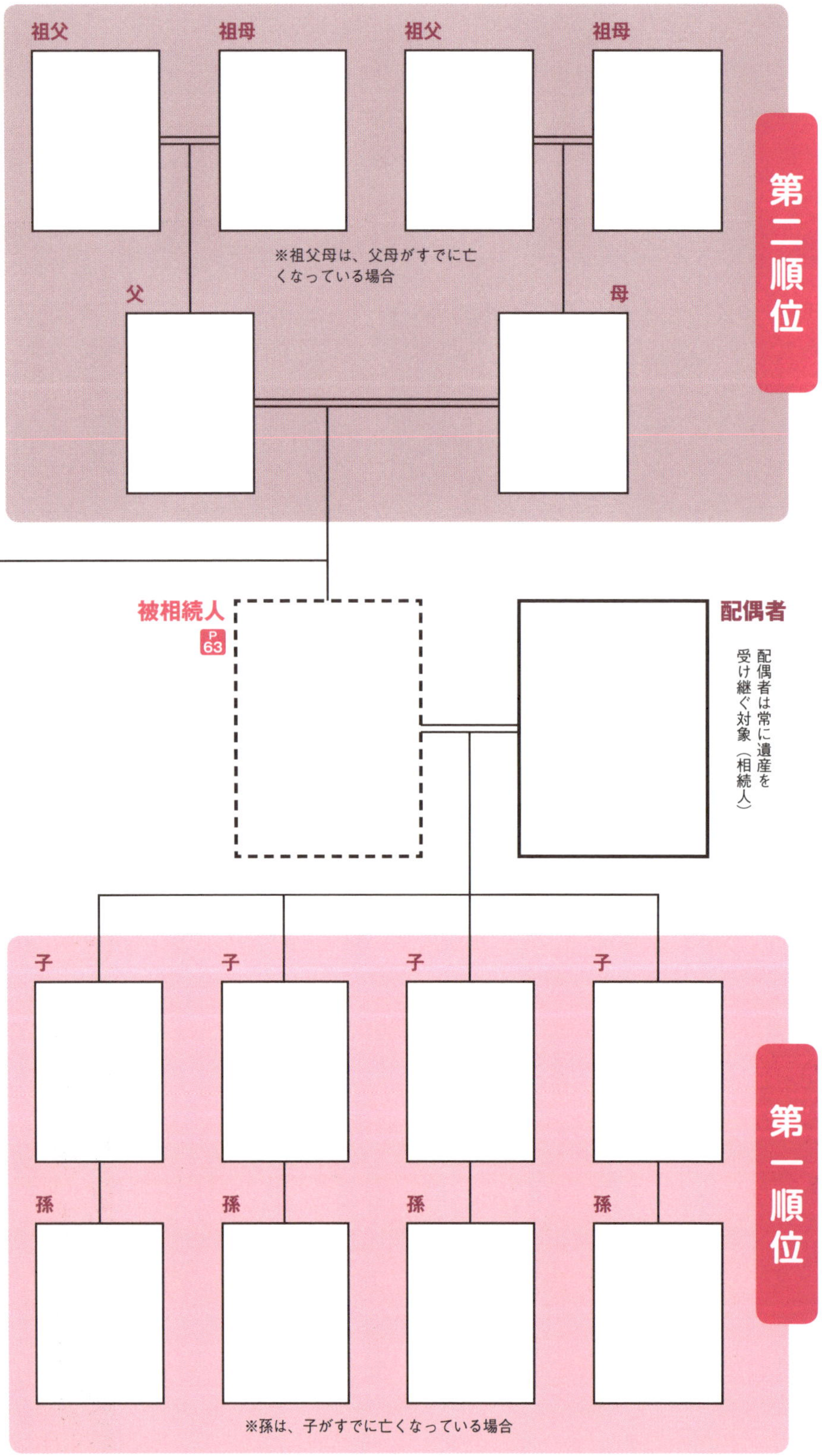

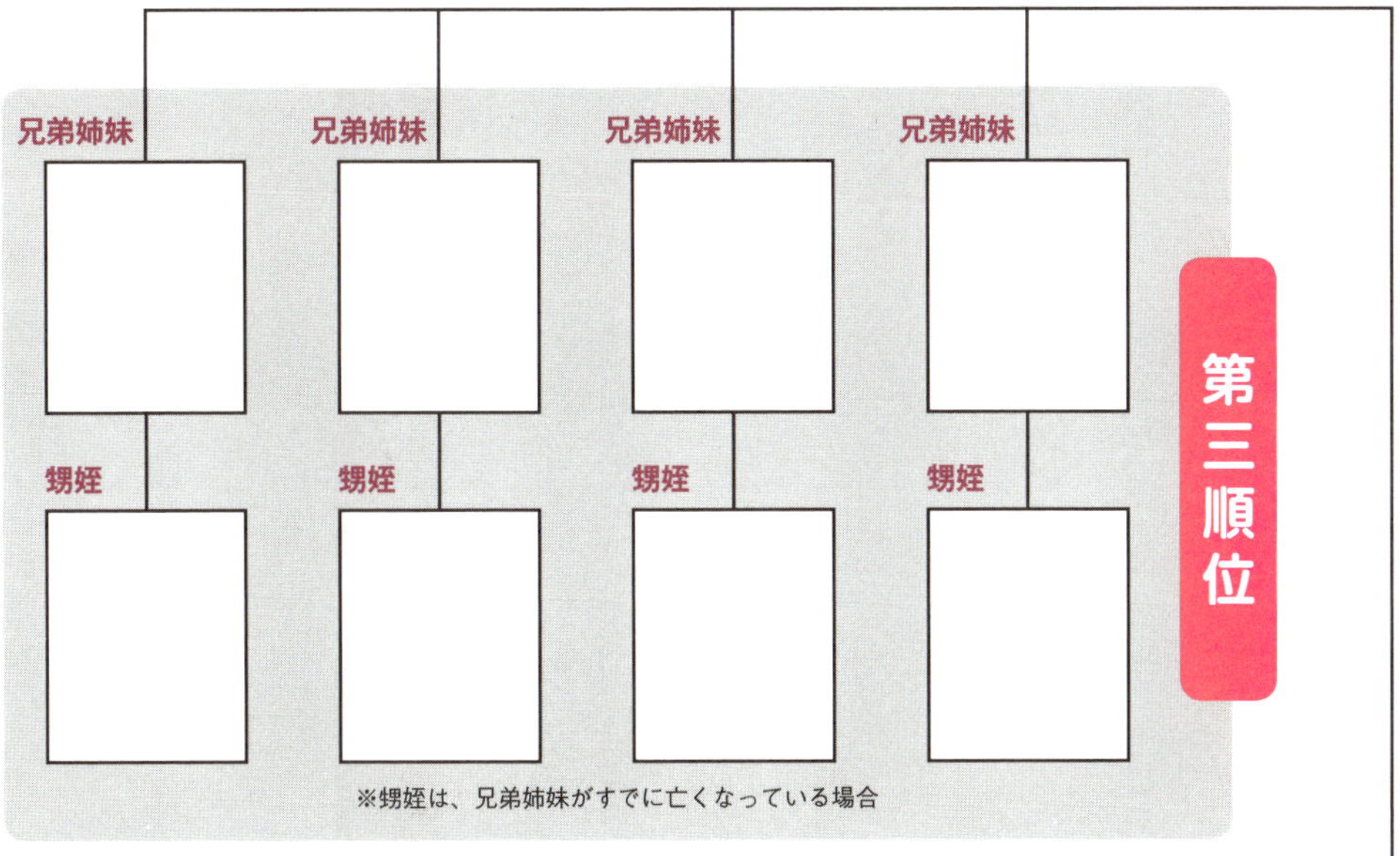
兄弟姉妹
兄弟姉妹
兄弟姉妹
兄弟姉妹
甥姪
甥姪
甥姪
甥姪
第三順位
※甥姪は、兄弟姉妹がすでに亡くなっている場合

■相続人リスト　記入日（　　　　年　　月　　日）

	氏名（フリガナ）	生年月日	現住所
被相続人	（　　　　）	年　月　日	
戸籍上の住所	本人との関係	渡す財産の評価額	

	氏名（フリガナ）	生年月日	現住所
相続人１	（　　　　）	年　月　日	
戸籍上の住所	本人との関係	渡す財産の評価額	
相続人２	（　　　　）	年　月　日	
相続人３	（　　　　）	年　月　日	
相続人４	（　　　　）	年　月　日	
相続人５	（　　　　）	年　月　日	

3

遺言書でできること、できないこと

遺言書に書かれたすべての内容に法的効力があるわけではありません。あるもの、ないものを把握しておきましょう。

遺言書でできること

遺言書を書いておくと、法的効力（遺族への強制力）のある内容は、大きく次の3つ。①相続に関すること　②財産の処分に関すること　③身分に関すること、です。

①相続に関すること

●相続分P62**の指定**

法律の定めた相続の割合を変更できます。

例：「介護で世話になった長女には、他の子どもより多く遺産をやりたい」

●遺産分割P60**方法の指定**

不動産や有価証券、宝飾品などを誰に相続させるかといった配分の内容を指定できます。

「例：長男に土地と建物を、長女には銀行の預貯金、次男には株式・債券などを相続させたい」

●遺言執行者P63**の指定**

遺言の内容を確実に実行するため、弁護士や配偶者、成人した子などを遺言執行者に指定できます。

●侵害額の負担方法の指定

遺言によって遺留分P41 P60を侵害された人が、他の相続人に支払いを請求した場合、どの財産から支払いをするのか、その順番や割合を指定できます。

例：「子どもが遺留分に相当するものとして自宅を欲しがっても、自宅は妻に残したい」

●相続人P34 P62**の廃除**P63

生前、トラブルがあったりした人を相続から除外することができます。その後、廃除を取り消すことも可能です。

例：「あの人には絶対に財産をあげたくない！」

●**祭祀継承者**P61**の指定**

先祖代々の墓地や仏壇を引き継ぎ、遺骨の管理などをする人（祭祀継承者）を指定できます。

●**遺産分割の禁止**

5年を超えない範囲で、遺産の分割を禁止することができます。その期間中、遺産は相続人の共有になります。

例：「すぐに遺産分割するともめごとが起き、家業の継続が難しくなりそう。だから、執行を3年後とする」

②財産の処分に関すること

●**負担付遺贈**P63

財産を与える代わりに、何らかの条件をつけて一定の義務を負わせること（負担付遺贈）ができます。

例：「自分の死後、妻の面倒をみてほしい」

●**寄付行為**

社会事業などに財産の一部を提供したり、福祉団体に財産を遺贈P60するなど、寄付ができます。

③身分P63に関すること

●**子どもの認知**P62

認知すれば、その子どもには相続人としての権利が発生し、財産を相続させることができます。

●**未成年後見人、未成年後見監督人の指定**

未成年の子どもの世話や財産管理を任せる人を指定でき、それを監督する人物も指定できます。

例：「妻亡き後、父子家庭の我が家。自分にもしものことがあったら、幼い息子の面倒は兄にお願いしたい」

遺言書でできないこと

遺言は、遺言者個人の考えであるため、人間関係における内容については法的な強制力はありません。

●**結婚や離婚に関すること**

当事者の合意が必要なものには効力はありません。

●**養子縁組**P63**に関すること**

養子縁組の手続きや、その解消は、遺言者の生存中でなければできません。

4

「法定相続分」「遺留分」とは

相続についての話によく登場するのが、「法定相続分」と「遺留分」。どういうものなのか、ここで理解しておきましょう。

法定相続分について

■組み合わせによって変わる

「**法定相続分**P62」は、法律上、**相続人**P34 P62が遺産を相続できる割合のこと。左図のように、相続人の組み合わせにより「法定相続分」は変わります。下記のケーススタディを参考に、理解しておきましょう。

ケーススタディ

この場合は……

◆配偶者がおらず、子がいる ⬇子がすべて相続する。

◆独身で、父母がいる ⬇父母（父母がいない場合はその父母）がすべて相続する。

◆独身で、父母と祖父母がおらず、兄弟姉妹がいる ⬇兄弟姉妹（兄弟姉妹がいない場合はその子ども）がすべて相続する。

相続人の組み合わせと法定相続分

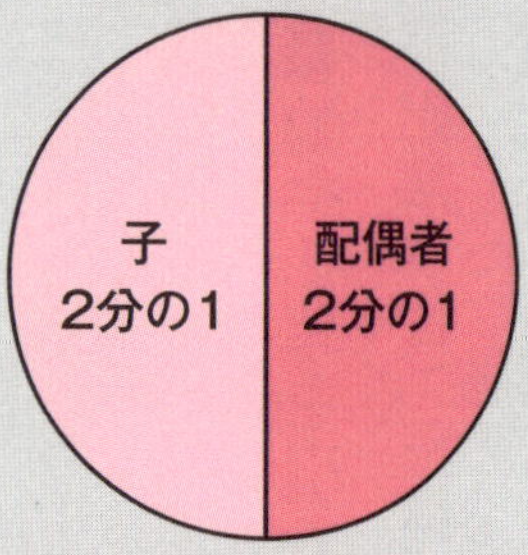
子
2分の1
配偶者
2分の1

配偶者と子の場合

子が複数いる場合は、相続分である2分の1を等分したものが、子ども1人あたりの相続分。

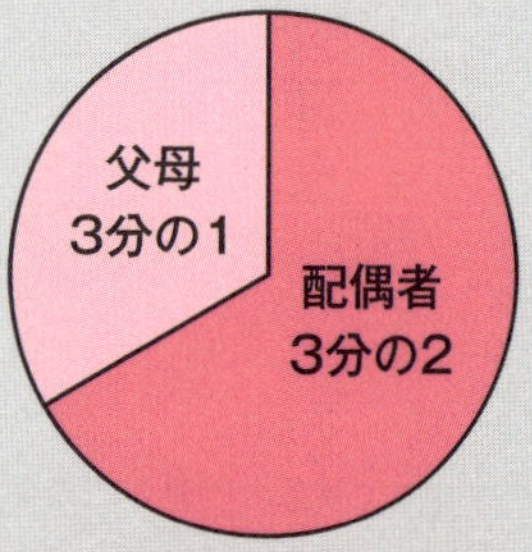
父母
3分の1
配偶者
3分の2

配偶者と父母の場合

父母（父母が亡くなっている場合はその父母）が複数いる場合は、相続分である3分の1を等分する。

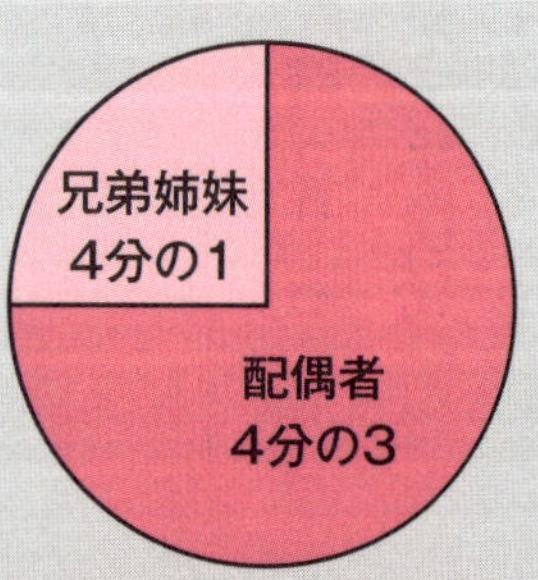
兄弟姉妹
4分の1
配偶者
4分の3

配偶者と兄弟姉妹の場合

兄弟姉妹（兄弟姉妹が亡くなっている場合はその子ども）が複数いる場合は、相続分の4分の1を等分する。

遺留分について

■相続人が異議をとなえた場合の権利

法定相続分を無視して「全財産を第三者に相続させる」というような遺言をしても、法定相続人には最低限、遺産を相続できる権利が残されています。これを「**遺留分**P60」といい、その割合は、法定相続分と同様、相続人の組み合わせによって異なります。

なお、遺言書の内容が遺留分を侵害していたとしても、遺言書自体が無効になるわけではありません。遺言書に書かれたことはそのまま実行できます。

■遺言書の有効性は変わらないが……

ただし、遺留分を侵害された法定相続人が不満を抱いて後で他の相続人に「**遺留分侵害額の請求**P60」をする可能性があるのです。

この請求は、相続発生と遺留分の侵害を知って1年以内（知らない場合は、相続開始から10年）という制限があります。

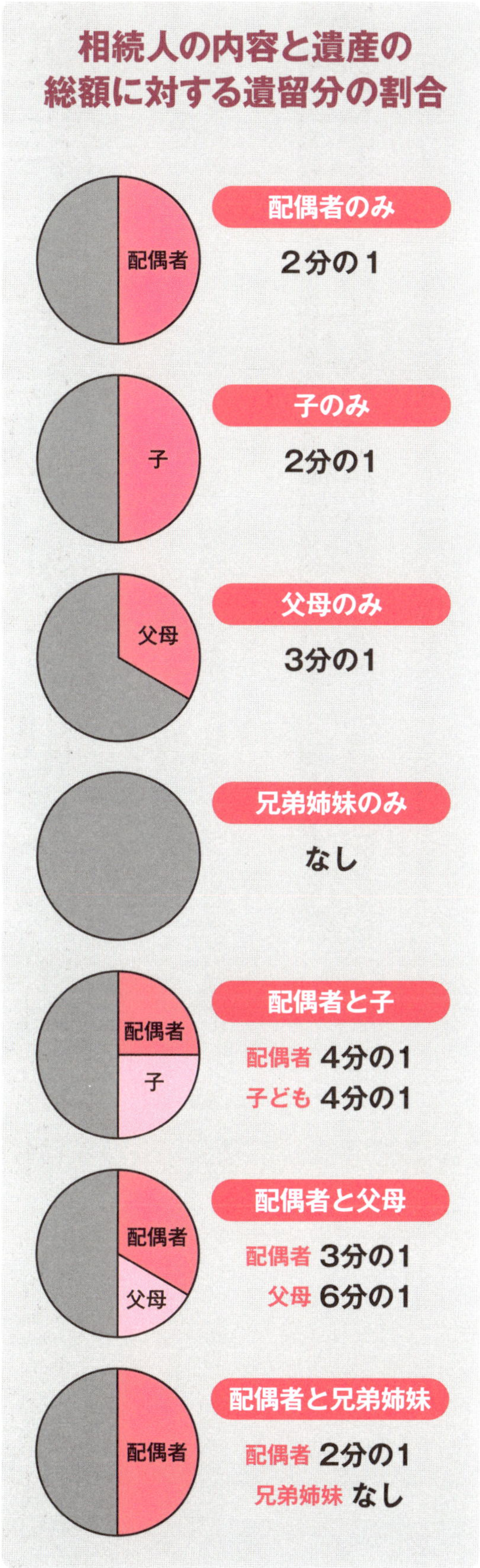
相続人の内容と遺産の
総額に対する遺留分の割合
配偶者のみ
配偶者
2分の1
子のみ
子
2分の1
父母のみ
父母
3分の1
兄弟姉妹のみ
なし
配偶者と子
配偶者
子
配偶者 4分の1
子ども 4分の1
配偶者と父母
配偶者
父母
配偶者 3分の1
父母 6分の1
配偶者と兄弟姉妹
配偶者
配偶者 2分の1
兄弟姉妹 なし

遺言書を書いてみましょう

遺言書の作成→実行

自筆証書遺言の作成から実行までの流れ

ここからは、いわば実践編。遺言書を作る前の準備から、実行されるまで、全体の流れを確認してみましょう。

1 作成に際してもう一度注意点をおさらい

チェックリスト

- □ 自分の法定相続人 (P62) は誰かわかりましたか？ ▼P34～37
- □ 相続人の遺留分 (P60) についてはわかりましたか？ ▼P41
- □ 誰にどのように財産を渡すか決めましたか？ 決めていない人は▼P46
- □ 財産を渡したい人の情報、財産の情報は正確ですか？ 財産を把握する人は▼P44

※相続人の氏名や生年月日、不動産の所在地などが違っていると、相続手続きができないことがあるので、なるべく謄本などの公的な書類で確認しましょう。

2 自筆証書遺言を作成する

その方法▼P50～52

3 封筒に必要な項目を記入する

その方法▼P53

※法務局に保管する場合は不要です▼P4

4 封入・封印をする

その方法▼P53

※ひとつの封筒に複数の人の分を入れてはいけません。

5 保管する

その方法▼P54

※保管場所は、法務局（遺言書保管所）か、もしものときに家族に発見されやすい場所（例：大切な通帳などがしまってある引き出しや金庫など）にしましょう。

※遺言の内容に利害関係のない第三者（**遺言執行者**P63）や弁護士など）に保管を依頼してもいいでしょう。

相続発生

～これ以降（①と②はいずれか一方）は、あなたの家族もしくはその代理人が行います

①法務局で遺言書を確認　この場合は検認は不要です。▼P4

②遺言書発見　※遺言書は開封しないで家庭裁判所に**検認**P61の申し立てをしてください。

←家庭裁判所での検認

●遺言書の有効・無効の確認　※遺産や債務を把握し、所得税の申告用に源泉徴収票などを用意しておきましょう。

遺言書内容の実行

自分の財産を把握する

自分の財産をリストに記入しましょう。内容が変化するため、コピーなどを取っておき、定期的に書き直してください。

財産リストアップシート ※複写（コピー）して使用しましょう。

■現金・預貯金　記入日（　　年　　月　　日）

預貯金は銀行名、支店名、口座番号、残高など、できるだけ特定できるよう書き出しましょう。

種 類	金融機関	支店名	口座番号	残 高
備考／満期日等				
種 類	金融機関	支店名	口座番号	残 高
備考／満期日等				
種 類	金融機関	支店名	口座番号	残 高
備考／満期日等				
種 類	金融機関	支店名	口座番号	残 高
備考／満期日等				
種 類	金融機関	支店名	口座番号	残 高
備考／満期日等				

合 計	

■有価証券　記入日（　　年　　月　　日）

電子化された株券は、紙のものより存在が把握しにくいので、しっかり書き出しておきましょう。

細 目	銘柄／社名	数 量	単 価	金 額
備 考				
細 目	銘柄／社名	数 量	単 価	金 額
備 考				
細 目	銘柄／社名	数 量	単 価	金 額
備 考				
細 目	銘柄／社名	数 量	単 価	金 額
備 考				
細 目	銘柄／社名	数 量	単 価	金 額
備 考				

合 計	

■生命保険・損害保険　　記入日（　　年　　月　　日）

生命保険などは相続財産ではありませんが、受取人と金額に配慮して相続内容を決めましょう。

種　類	保険会社	証書番号	保険金	被保険者	受取人
備　考					
種　類	保険会社	証書番号	保険金	被保険者	受取人
備　考					
種　類	保険会社	証書番号	保険金	被保険者	受取人
備　考					
種　類	保険会社	証書番号	保険金	被保険者	受取人
備　考					
種　類	保険会社	証書番号	保険金	被保険者	受取人
備　考					

合　計	

■その他　　記入日（　　年　　月　　日）

家財も相続の対象となる財産です。高額なものについては書き出しておきましょう。

種　類	名　称	所在地	評価額
備　考			
種　類	名　称	所在地	評価額
備　考			
種　類	名　称	所在地	評価額
備　考			
種　類	名　称	所在地	評価額
備　考			
種　類	名　称	所在地	評価額
備　考			

合　計	

2 遺言書を書く前にすること①

遺言書を作るときに最も神経を使うのが、誰に何をあげるのか。以下を参考に考慮してしっかり決めていきましょう。

遺言書作成に際しての5つの心得

自分の遺志を伝える遺言書。大変な点といえば、書く内容を決めることでしょう。ある意味、人生の総決算的一面もありますし、自分の遺言書が原因で相続人たちが仲違いをしては困ります。それを避けるポイントをいくつかお伝えしましょう。

一、「気がかりなこと」を優先して内容を決める

あなたが遺言書を作ろうと思ったのはなぜでしょう。何か心に引っ掛かることがあるからでは？　解消するためには何が必要なのか、考えてみましょう。

二、家族の今の生活を守れる内容を考える

同居人が同じ家に住み続けられるよう自宅を相続させる、ペットの面倒をみてもらう人を決めておくなど。相手のことを考えると自ずと思い浮かびます。

三、相続人同士の不動産の共有はできるだけ避ける

不動産の共同相続は避けることをおすすめします。特に**相続人**P34 P62のうちのひとりがそこで暮らしていたりすると、トラブルのもとになります。

四、法定相続人の遺留分に配慮する

「遺留分〔P41〕〔P60〕」は法の定めたその人の権利。特定の人が多めに相続すると、他の人は軽んじられたような気持ちになりかねません。なるべく他の人にも遺留分を意識した額を相続させたり、生前贈与などで配慮を見せましょう。ただ、本当に問題のある相手には「廃除〔P63〕」という手もあります。

五、各相続人が納得できる道を探す

先の項目に似ていますが、相続人には、これまでの人間関係や援助額などを考慮して、見合うと考えられる額を相続させましょう。公平感を与えて納得させられれば、遺産争いなどは起こりにくくなります。「自分がなぜそう遺言したのか」を「付言事項〔P63〕」として相手にきちんと伝えていくことも重要です。

遺言の内容を決める　～誰に何を渡すのか

財産がはっきりしなければ、遺言書の内容を決めることはできません。財産リストアップシート（→P44）で把握してみましょう。そして、右記の遺言書作成のポイントを参考に、自分の想いが伝わるよう内容を考えてみましょう。各相続人の情報も正確なものを入手しておいてください。

内容決定までの流れ

自分の財産を把握する　参考▶P44

↓

相続人に合った内容を考える　参考▶P46

↓

相続人に渡す内容（遺書に書くこと）を決める

3 遺言書を書く前にすること②

ここでは、遺言書を作成する際に必要となるもの、必ず守らなければいけないポイントなどについて見ていきましょう。

遺言書の作成に必要なものを用意する

遺言書に何を書くかを決め、必要な情報を揃えたら、いよいよ実際に遺言書を書いていきましょう。事前に準備しておくものは、次の通りです。

遺言書用紙

本誌付録の複写防止機能付き遺言書用紙は、縦書き、横書き、いずれにも対応しています。自分の書きやすいほうを選びましょう。そのほか、便せん、原稿用紙、レポート用紙など基本的に自由ですが、長期の保管に耐えられるものを選んでください。

封筒

用紙（A4サイズ）を二つ折りにして入る、なるべく厚手の封筒がおすすめです。文字が擦れたりしないよう、折り目は少ないほうがいいでしょう。三つ折り以上になると、小さくて他のものに紛れてしまい、発見されにくくなることもあります。

筆記用具

自分の書きやすい万年筆やボールペンなど。インクは黒で、長期間たっても消えにくいものを選びます。本誌付録の用紙を使用する際は、欄に合うサイズの文字が書きやすい細さのペンを選ぶといいでしょう。鉛筆は下書きの際は便利ですが、後日、改ざんされやすくなるので、清書では使わないようにしましょう。

印鑑・朱肉

認印も可能ですが、インク内蔵型は避けましょう。最も適しているのは、本人が書いたことをより証明しやすい実印です。

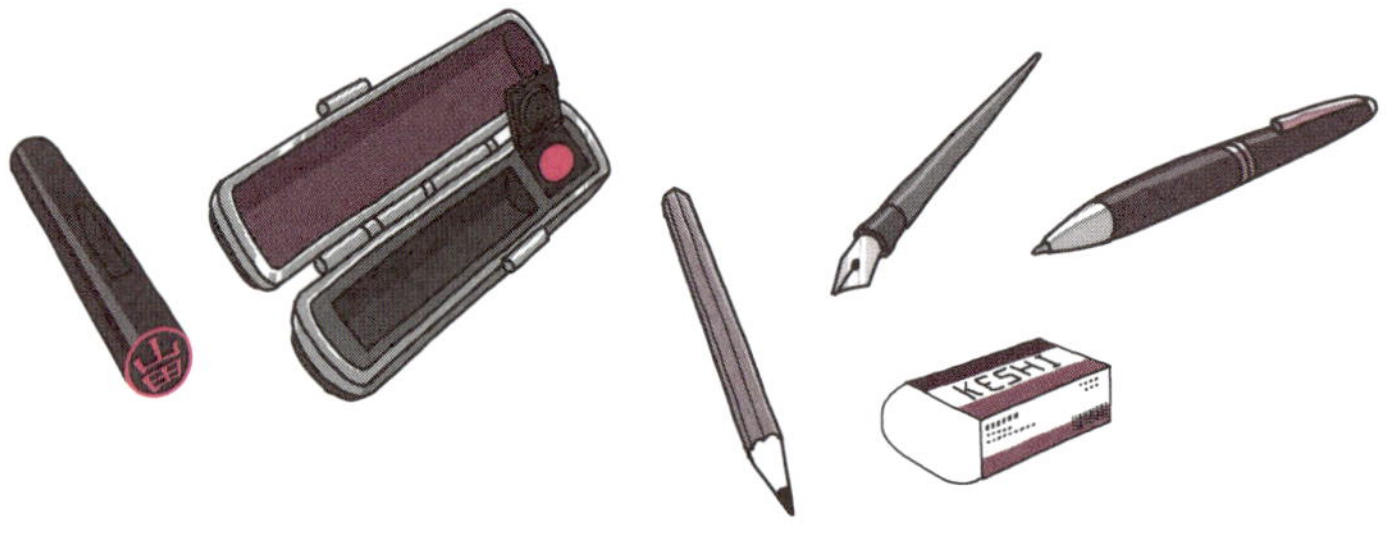

書くときに必ず守らなければいけないこと

最も気をつけたいのが、遺言書の内容や形式が間違っていて、法的に無効となってしまうことです。そうならないために、次のことを厳守してください。

①必ず自筆で書く

表題（「遺言書」「遺言状」）、本文、作成した日付、署名などを自分で書きます（財産目録はパソコン等での作成も可に）。遺言内容の録音や録画、家族などによる代筆は無効です。

※自著が困難な人は**公正証書遺言**P58がおすすめです。

②必ず正確な作成日を書く

平成30年7月10日、2019年1月31日というように、正確に記入します。内容が矛盾する遺言書が複数ある場合、新しい日付のものが有効です。

③必ず自筆で署名する

通称ではなく必ず戸籍上の氏名を書きましょう。氏名の前に住所を書くようにすると、本人であることをより明確にすることができます。

④必ず印鑑を押す

署名のあとに、はっきりと押印します。用紙の下に捺印マットなどをしき、何度か練習して押しましょう。

せっかく作成した遺言が無効にならないよう必ず守りましょう！

4 自筆証書遺言の書き方

自筆証書遺言は書き直しもしやすいですから、力を入れ過ぎずに、まずは下書きから一度書いてみましょう。

おすすめの書き方

遺言書の最大の目的といえば、相続に関して自分の遺志が尊重されること。しかし、いざ書きはじめてみると、「付言事項P63」などに熱が入り、相続内容がなおざりになってしまう人も。せっかくの遺言書が法的に無効にならないよう、前ページの「必ず守らなければいけないこと」①〜④と、ポイントをしっかり押さえて書いていきましょう。

自筆証書遺言の見本（財産目録を添付する場合）

遺言書 ①

遺言者 坂口誠は、以下の通り遺言する。

一、遺言者は、遺言者の有する次の財産を、
②遺言者の妻 坂口二見子（一九六九年十二月九日生）に相続させる。③

①必ず自筆で書く（財産目録は例外）

ココがポイント！

①表題は「遺言書」または「遺言状」とします。

②相続させたい人について記すときには、続柄・氏名・生年月日などを必ず入れて個人が特定できるようにします。**相続人**P34 P62以外の場合には、その人の職業や住所も書いておくことをおすすめします。

③法定相続人に対しては「相続させる」、それ以外には「**遺贈**P60する」という言葉を使用します。「あげる」「譲る」といった表現は使わないようにしましょう。

④不動産や預貯金等の財産目録は自筆でなくてもかまいません（2019年

（一）別紙登記事項証明書①の土地建物
（二）別紙登記事項証明書②の土地
（三）別紙預貯金目録~~①~~②（坂口）に記載の預貯金 ⑤ ④

本行第9字目を、②に変更する　坂口誠

二、長男坂口二見弥（一九九九年七月十七日生）には、以下の財産を相続させる。
（一）別紙預貯金目録①に記載の預貯金 ④

三、その他、遺言者の有するすべての財産は、妻坂口二見子に相続させる。⑥

四、遺言執行者として、妻坂口二見子を指定する。⑦

五、付言事項 ⑧
これまでの人生を妻二見子、長男二見弥と過ごすことができて幸せでした。
父さん、母さん、親戚の皆さん、今後もどうか二人を見守ってやってください。

二〇一九年一月三十一日
②必ず正確な作成日を書く

住所　東京都中野区山田町五丁目十八番地三 ⑨

遺言者　坂口　誠
③必ず自筆で署名する

坂口
④必ず印鑑を押す

1月13日より）。その場合、パソコンで作成した目録、登記事項証明書、銀行通帳のコピーなどを別紙として添付します（添付の仕方は52ページ参照）。

⑤書き間違えたときは、間違えた部分を二重線で消し、近くに正しい文字を記入します。訂正箇所に押印し、余白部分にどこをどう訂正したのかを書き入れて、署名します。少々複雑なので、訂正が複数あるときは書き直すことをおすすめします。

⑥遺言書に書かれていない財産をどうするかを記載しておくとトラブル防止になります。

⑦**遺言執行者**（P63）を指定する場合は、「誰か」を特定できるようにしておきましょう。可能であれば、弁護士など守秘義務のある職業の人が適任です。

⑧遺志をより表すため、「付言事項」に長すぎないメッセージを入れることも可能です。

⑨遺言者の住所は書いても書かなくてもかまいませんが、本人確認のためになるべく書きましょう。

財産目録を添付するときは

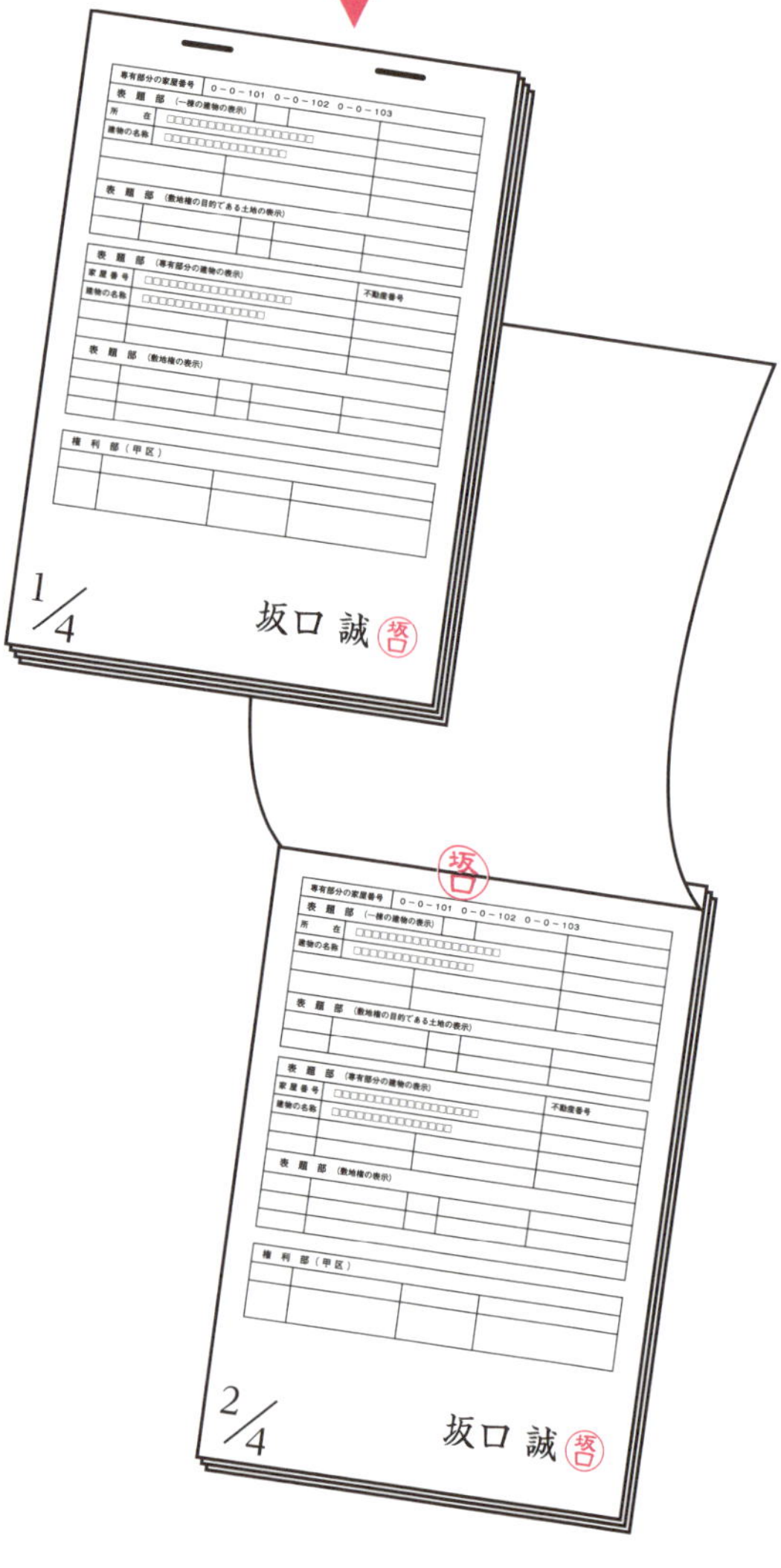

■全ページに署名押印を忘れずに

財産目録が複数枚になる場合は、バラバラにならないようにホッチキスなどでとめて、まとめておきましょう。遺言書本文ときちんと対応するように、番号などをふっておくのもよいでしょう。また、用紙の境目に契印P60を押しておくのもおすすめです（こうした処理をしなくても法的に無効になることはありません）。

各ページには必ず署名押印が必要です。ないものは無効となりますので、**注意**しましょう。

封筒の表面・裏面の書き方、封印方法

封筒に正確に記入して、封印

透けにくい少し厚手の封筒を用意。そこに「遺言書」と表書きし、裏面に、勝手に開封されないように注意書きをしてから、署名・押印します。

遺言書は内容を見返したくなったときのために、封筒に入れる前に複写をしておくか、下書きの最終版などをとっておくといいでしょう。

実は、封印自体は、法律上の要件ではありませんが、変造などを防ぐためには、封筒に入れたほうがやはり安全です。

封印までの流れ

表面

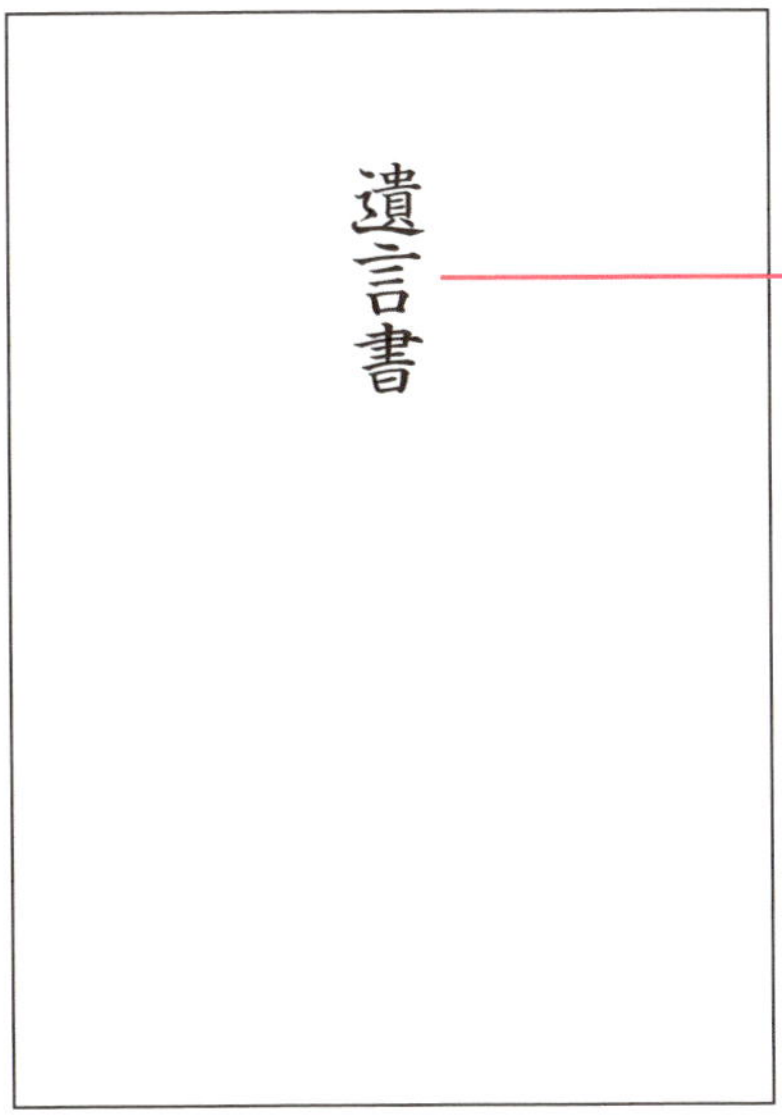
遺言書

①封筒に「遺言書」または「遺言状」と表書きをする。

裏面

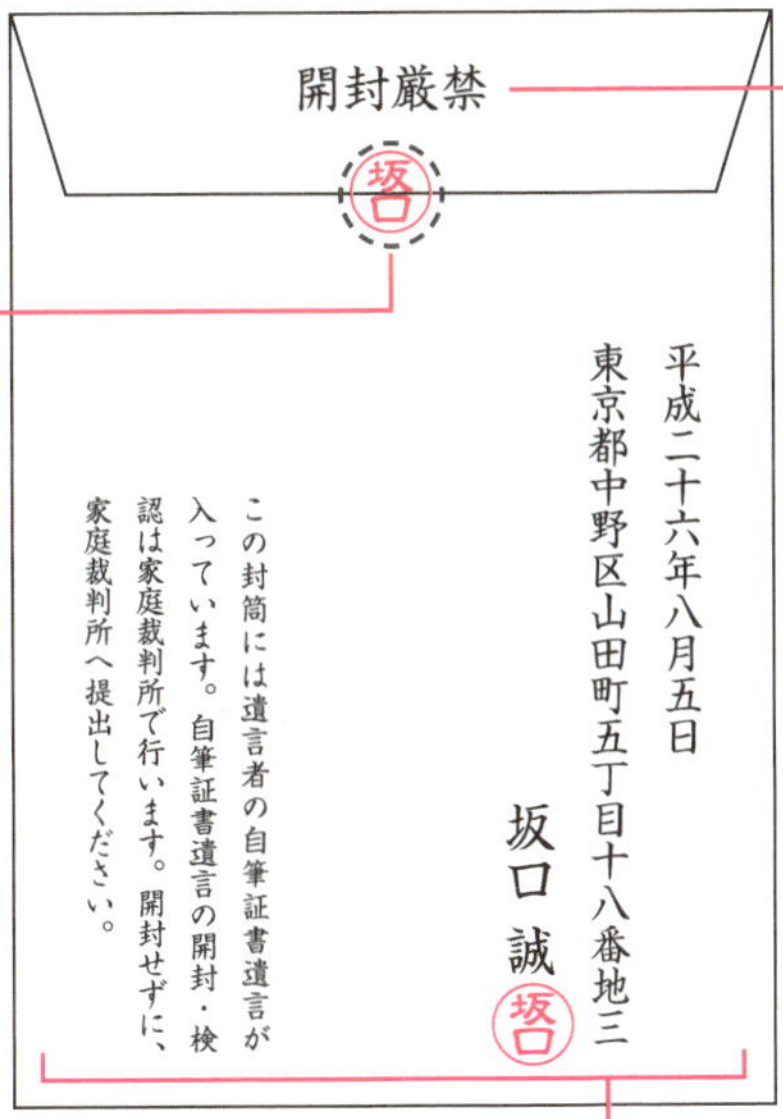
開封厳禁
坂口
平成二十六年八月五日
東京都中野区山田町五丁目十八番地三
坂口 誠
坂口
この封筒には遺言者の自筆証書遺言が入っています。自筆証書遺言の開封・検認は家庭裁判所で行います。開封せずに、家庭裁判所へ提出してください。

③封筒は糊付けで封をして、開封口に印鑑を押す。
※印鑑は、遺言書と同じものを使用すると、本人のものであることがより確実になる。

②裏面に、遺族が勝手に開封しないための注意書き、作成日、住所、遺言者名を書いてから、署名・押印をする。

注意書きの内容例：「この封筒には遺言者の自筆証書遺言が入っています。自筆証書遺言の開封・検認 P61 は家庭裁判所で行います。開封せずに、家庭裁判所へ提出してください。」

5

遺言書の保管と実行

遺言書の作成を誰にも伝えないと、最悪の場合、発見されないことも。それを避けるための保管方法も考えましょう。

おすすめの保管方法

守られて、わかりやすい場所に

封印した遺言書（自筆証書遺言）は、相続発生まで開封されることなく保管しておかなければなりません。おすすめの方法は、新たに創設された制度（▶▶P4）による法務局における保管です。

それ以前から行われてきた自宅などでの保管は、家族に見つけられ、中身を見られてしまったり、逆に発見してもらえない可能性も。実は、遺族が遺言書の存在を知らず、死後何年も経ってから遺言書が発見されるということは少なくないのです。

自宅保管であれば、金庫などで預金通帳や不動産の権利証や謄本、保険証券といったものと一緒に保管すると発見されやすく、将来、相続手続きの際にも便利です。貸金庫での保管は紛失の心配はないものの開錠に相続人P34 P62全員の同意が必要なので、遺言書の発見に時間がかかることがあります。

保管場所に迷ったら知人に依頼

適当な場所がなければ、自筆証書遺言が確実に実行されるために、他の人の力を借りてもいいでしょう。つまり、弁護士や信頼できる知人、遺言執行者など遺言の内容に利害関係が発生しない第三者などに預けるのです。いずれにしても、遺言書の存在は、配偶者など、遺言者の死亡時、死亡の事実がすぐに伝わる家族の誰かに伝えておくのが賢明です。

自筆証書遺言　実行までの流れ（❶と❷はいずれか一方）

相続発生

①法務局で遺言書を確認する
P4

②遺族が遺言書を発見する

・封筒裏面に明記してあるように、勝手に開封するのは厳禁。
・家庭裁判所の**検認**P61を受けないと、遺言書をもとにした不動産や預貯金などの相続手続きはできない。

家庭裁判所の検認を受ける
※①の場合は不要

・相続人などが、家庭裁判所に検認の申し立てを行う。
・相続人全員に、検認の通知が届く（封印のあるものは、家庭裁判所で相続人立ち会いのもと開封される）。
・検認に立ち会えなかった相続人も、後日遺言書の内容を知ることができる。

③遺言書の有効・無効を確認する

・形式面、内容面で問題がないか確認。判断がつかなければ、弁護士や司法書士などの専門家にアドバイスを求める。

④遺言を実行する

・**遺言執行者**P63に連絡する（遺言執行者がいる場合、他の相続人は勝手に遺産を処分できない）。
・遺言書に基づき、不動産や預貯金などの相続手続きを行う。

せっかく書いた遺言書を確実に実行するために――

遺言書が実行されないというケースは決して少なくありません。ただ、**被相続人**P63の遺志がわかったのにその遺言書が法的に無効になった場合、家族の間がギクシャクする原因にも。遺言書は、形式的にも内容的にも確実に実行できるものを作りましょう。

まずは、**字をていねいに書く**こと。次に、**内容はなるべくシンプルに**。付言事項などに感情が入って紙幅を割くあまり、相続内容自体が正確に書かれていないなどというのは本末転倒。自筆証書遺言は訂正方法が難しいので、書きすぎて間違え、訂正でまた間違うということにもなりかねません。

相続人の氏名や生年月日などの情報、財産内容を正確に記載することも、遺言書実行の大きなポイントです。なるべく**遺言を執行してくれる遺言執行者を指定する**こと、場合によっては**公正証書遺言**P33 P58**を検討してみる**のもおすすめです。

遺言書にまつわるQ&A

Q 未成年でも遺言書は作れますか?

A 満15歳になれば、法律上その遺言書は有効とされます。通常、未成年が法律に関わる行為をする際は、親権者の同意や代理が必要となりますが、遺言の場合は満15歳以上であれば単独で行うことができます。

Q 遺言書に有効期限はありますか?

A ありません。それを取り消す遺言書を作るまで有効です。

Q 遺言を取り消したい場合は、どうすればいい?

A 新たに遺言書を作成し、前の遺言を取り消したり、遺言に記載した財産を処分するなどした場合にそれに関する内容を取り消すというように、気が変わったり、状況が変化したときなど、遺言書は何度でも書き直すことは可能。しかし将来トラブルにならないよう、新たな遺言書を作ったら前の遺言書は必ず破棄しましょう。

Q 無理やり書かされた遺言書も、有効になってしまうのですか?

A 無効です。遺言書はあくまでも本人の真意によるものでなければなりません。無理強いされたり、詐欺行為によって書かされた遺言書は、すぐに破棄するか、弁護士など法律の専門家に相談しましょう。もし**相続人**P34 P62が遺言書を無理やり書かせたことが判明すると、その相続権自体が失われます。

Q 認知症など、判断能力に問題があっても遺言書は有効?

A 判断能力の程度にもよりますが、無効と判断される可能性は高くなります。詳しくは、弁護士など法律の専門家に相談しましょう。

Q お腹の中にいる胎児も相続人になるの?

A なれます。法律上、胎児はすでに生まれているものと同様に扱われます。ただし、死産だった場合は、最初から存在しなかったものという扱いになります。

Q 夫婦が共同で遺言書を書くことは可能ですか?

A できません。一通の遺言書を2人以上の人が連名で書くことは、法律上認められていません。たとえ同じような内容になったとしても、遺言書はそれぞれが一通ずつ作成してください。封筒に入れる際も、一通ずつ分けて入れましょう。

Q 遺言書ではなく遺書ではだめですか？

A 「遺書」とは、亡くなることを前提に自分の気持ちを家族や親しい人に書き残す、ごく私的なものです。同様の性質を持つ「エンディングノート」なども同じく、法律的な拘束力はないので、相続について書いても実行においては意味がありません。なお、「遺言書」は、日付や署名、押印など法律で定められた条件を満たして初めて意味をなすものになります。本人が遺言書のつもりで作成したとしても、法律的な条件が満たされていない場合、法的効力のないものとして扱われることもあるので、気をつけましょう。

Q 遺言書が2通見つかったときはどうすれば？

A 法律的には日付の新しいものが優先され、古いものは撤回した遺言とみなされます。もしものときに相続人を混乱させることになるので、遺言書を書き直した場合は、古いものはきちんと処分しておくことが大切です。

Q 再婚した相手の連れ子は相続人になれますか？

A 血縁関係がなければ、相続人にはなれません。もし連れ子に遺産を相続させたいのなら、生前に**養子縁組**P63をしておく必要があります。

Q 法定相続分P40 P62**と違う遺産分割協議**P60**でも大丈夫？**

A もちろん大丈夫です。法定相続分とは、法律によって定められた一応の目安なので、相続人全員の合意があれば違う配分をしても問題ありません。

Q 相続人に行方がわからない人がいる場合は？

A 行方不明だからといって相続人から外すわけにはいきません。仮に行方不明者を外して遺産分割協議を行い、話がまとまったとしても、法的には無効となります。まずは、可能な限り行方不明の相続人を探し、その生死と現住所を確認すること。それでも見つからない場合は、家庭裁判所への申し立てにより行われる「**不在者財産管理人選任**P63」、「**失踪宣告**P61」という2つの方法があります。

Q 遺産の一部を地域の自治体に寄付するには？

A 被相続人が希望したとしても団体によっては、寄付を受け付けていないこともあるので、事前の確認が重要です。確実に寄付したい場合は、相続人が困らないよう、生前に自分で済ませておくのが賢明です。

Q 愛犬に遺産を相続させることはできますか？

A できません。相続や**遺贈**P60ができるのは、人に限られています。法律上、ペットは「物」扱いとなり、遺産相続させることは不可能。遺されるペットが心配であれば、世話してくれる人を探し、その人の了承を得た上で**負担付遺贈**P63の遺言書を作成しましょう。

公正証書遺言について

公証役場P61で**証人**P61立ち会いのもと、**公証人**P61に作成してもらう公正証書遺言。最も効果が確実で改ざんや紛失などの恐れもありません。費用はかかりますが、遺族が相続手続きをしやすいことを考えるとおすすめです。

公正証書遺言が向いている人とは？

◆法的に不備なく確実に遺言を実行してほしい人
◆不動産などの高額な財産がある人
◆病気やケガなどの理由で自筆証書遺言が作成できない人
◆第三者に財産を**遺贈**P60したい人
◆認知や廃除などを含む遺言を作りたい人

■公正証書遺言作成にかかる手数料

公証人手数料

相続財産の価額	公証人の手数料
～100万円まで	5000円
～200万円まで	7000円
～500万円まで	1万1000円
～1000万円まで	1万7000円
～3000万円まで	2万3000円
～5000万円まで	2万9000円
～1億円まで	4万3000円
～3億円まで 5000万円ごとに1万3000円加算	
～10億円まで 5000万円ごとに1万1000円加算	
10億円を超える部分 5000万円ごとに8000円加算	

※相続財産の価額は、１人当たりに相続または遺贈する金額のこと。そのため、公証人の手数料は相続人ごとにかかります。

遺言手数料

相続財産が1億円未満の場合、相続人の数にかかわらず1万1000円。

※このほか、用紙代が数千円と、証人を依頼する場合は日当がかかります。

公正証書遺言の作成手順

①まずは公証役場を訪ねて、公証人と遺言書の内容を打ち合わせする。

※通常、この打ち合わせは1回～数回行います。この間に、印鑑登録証明書や戸籍謄本、資産の登記簿謄本や**固定資産税評価証明書**P61など、必要な書類を集めるほか、証人２人に立ち会いを依頼しましょう。

②遺言書の文面を受け取り、間違いがないか校正する。

※ファックスや郵送でもやりとり可能。

③予約日に証人２人と公証役場へ。内容を確認して、遺言者、証人、公証人が署名・押印する。

④原本は公正役場で保存され、正本が遺言者に交付される。

※公正証書遺言は、紛失しても作成した公証役場で謄本を発行してもらうことができます。

遺言書や相続に関して、専門家の意見を聞きたいときの

相談窓口

日本弁護士連合会　http://www.nichibenren.or.jp

弁護士に相談したくても誰にすればいいかわからないときなどに、誰でも相談できるよう、各都道府県の弁護士会では、法律相談センターを設置しています。各センターによって相談時間や相談料の有無が異なりますので、最寄りの弁護士会に事前に確認しましょう。

住所：東京都千代田区霞が関1-1-3 弁護士会館15階　TEL：03-3580-9841（代）

日本司法書士会連合会　http://www.shiho-shoshi.or.jp

どの司法書士に相談すればいいかわからないときに利用したいのが、各都道府県に設置されている司法書士総合相談センター。詳細については、各地の司法書士総合相談センターにお問い合わせください。

住所：東京都新宿区本塩町4-37　TEL：03-3359-4171（代）

日本公証人連合会　http://www.koshonin.gr.jp

全国に約300カ所ある交渉役場では、公正証書遺言（→P58）の作成などを行うことができます。最寄りの所在地などの詳細については、問い合わせてください。

住所：東京都千代田区霞が関1-4-2 大同生命霞が関ビル5階　TEL：03-3502-8050

日本行政書士会連合会　http://www.gyosei.or.jp/

行政書士には、相続手続きの相談や、遺言書作成のための書類収集や証人の依頼などが可能。上記ホームページで、お近くの行政書士会や行政書士を探すことができます。

日本税理士会連合会　http://www.nichizeiren.or.jp/

生前贈与や相続税について相談したい人は、その専門家である税理士に相談を。上記ホームページには贈与税や相続税のしくみや計算方法などを紹介する「やさしい税金教室」ほか、納税者向け情報も。

家庭裁判所　http://www.courts.go.jp

家庭裁判所では、電話の音声案内とファックスによる「家事手続情報サービス」を行っています。これは相続手続きに関する情報を24時間、365日わかりやすく案内してくれます。詳しくは、お近くの家庭裁判所までお問い合わせください。

自治体

都道府県や市町村などでも行政サービスのひとつとして、法律相談を無料で行っています。詳しくは最寄りの各自治体へお問い合わせください。

遺言書にまつわる用語解説

※各項目の下のマーク（例：P11）は、その項目について掲載している主なページを示しています。

遺産分割【いさんぶんかつ】P26 P29 P38

相続人が2人以上いる場合に、各相続人に遺産を分配することをいう。相続人が2人以上いる場合、相続開始すぐに遺産を分けることは実際的に不可能なので、共有としておき、後でそれぞれが何をとるか、その相続分の割合にしたがって具体的に決める。

遺産分割協議【いさんぶんかつきょうぎ】P9 P16 P21 P26 P57

遺産の分け方について、相続人が全員で話し合って決めること。話し合いで全員合意に達したら遺産分割協議書を作成し、相続内容にかかわらず、相続人全員分の署名と実印の押印が必要になる。

遺贈【いぞう】P21 P30 P39 P50 P57 P58

遺言により、特定の人に財産を与えることをいう。一般的に「相続」との言葉の使い分けとして、「遺贈」は、法定相続人以外の第三者を対象に無償で財産を与える場合に用いる。

遺留分【いりゅうぶん】P9 P13 P17 P20 P28 P29 P38 P41 P42 P47

法定相続人が最低限主張できる相続割合の権利。たとえば、配偶者や子は相続財産の2分の1について、遺留分を主張できる。兄弟姉妹にはない。

遺留分侵害額の請求【いりゅうぶんしんがいがくのせいきゅう】P9 P13 P17 P41

相続人が遺留分について侵害され、それを下回る相続しかできなかった場合、その分を取り戻すための請求のこと。請求期限は、相続開始、もしくは遺留分侵害の事実を知ったときから1年以内。また知らないままでも、相続開始から10年が過ぎてしまうと消滅となる。

遺留分の放棄【いりゅうぶんのほうき】P9 P17 P28

相続人が自分の持つ遺留分の権利を放棄すること。被相続人の生前に放棄する場合は、家庭裁判所の許可が必要。ただし、相続開始後の放棄は自由。

印鑑証明【いんかんしょうめい】P25

書類に押した印影が、あらかじめ届けてある印鑑（実印）と同じであるという証明書のこと。押印した者が本人に間違いないことを確かめるためのもの。

寄与分【きよぶん】P19

被相続人の財産の増加や維持への貢献、または病気の看護などを献身的に務めた相続人に対して、特別にプラスされる相続分のこと。

契印【けいいん】P52

2枚以上の書類が一連のものであることを証明するため、連続する紙面にまたがって押す印のこと。

限定承認【げんていしょうにん】 P13

相続人が、相続によって得たプラスの財産の範囲内で、被相続人の債務および遺贈の義務を負担することを留保して、相続を承認すること。相続財産がプラスかマイナスか不明の場合に効果的な方法。限定相続とも呼ばれる。

検認【けんにん】 P32 P43 P53 P55

相続発生後、家庭裁判所で行われる遺言書の存在や内容を確認する手続き。封印のある遺言書（法務局で保管されていたものを除く）は、相続人らの立ち会いの上、開封が行われる。これは遺言書の内容を明確にして遺言書の偽造・変造を防止するための手続きであり、遺言の有効無効を決めるものではない。

※検認に必要な費用として、遺言書一通につき８００円分の収入印紙代、連絡用の郵便切手代がある（戸籍謄本などの取得費用を除く）。

公証人【こうしょうにん】 P33 P58

裁判官・検察官・弁護士・司法書士・法務局長など、実務経験のある法律実務家の中から、法務大臣が任命する公務員。全国各地の公証役場で公正証書の作成や私署証書（私文書）の認証などを行う。

公証役場【こうしょうやくば】 P33 P58

公証人が日常執務を行う公務所。法務大臣から指定された地に設置されており、全国に約３００カ所ある。

固定資産税評価証明書【こていしさんぜいひょうかしょうめいしょ】 P58

土地や家屋などの固定資産の評価額が記載された書類。市区町村役場の窓口で取得することが可能。

祭祀承継者【さいししょうけいしゃ】 P39

位牌や仏壇、墓地や墓石などといった先祖のまつりごとを催すために必要な用具などを一般の財産とは別に受け継ぎ、それを主宰する者のこと。

事実婚【じじつこん】 P27

婚姻届を提出せず、事実上の夫婦生活を営む状態。「内縁関係」と同様に扱われる。

失踪宣告【しっそうせんこく】 P57

生死不明者を法律上死亡したものとみなす制度。従来の住所または居所を去り、その生死が7年間明らかでない不在者（普通失踪）、または戦争、船舶・航空機事故、震災などの危難に遭遇後、生死が1年間明らかでないとき（危難失踪）は、申し立てにより家庭裁判所は失踪宣告をすることができる。

受遺者【じゅいしゃ】 P20 P30

遺言によって遺贈を受ける指定がされた人。受遺者は遺贈を受けることも、放棄することもできる。

※遺贈する人のことは「遺贈者」（いぞうしゃ）という。

証人【しょうにん】 P33 P58

ある事実・事柄について、それを証明する人。公正証書遺言を作る際、証人２名の立ち会いが必要になる。

推定相続人 P12
【すいていそうぞくにん】

配偶者、子、尊属（父・母・祖父・祖母）、兄弟姉妹といった、民法で相続人の地位を与えられている法定相続人のうち、最優先順位の人。実際に相続権がある人。

相続人 P8 P13 P16 P20 P26 P27 P28 P34 P36 P38 P40 P42 P46 P50 P54 P56
【そうぞくにん】

相続発生により、民法で定められた相続の権利がある人。「法定相続人（ほうていそうぞくにん）」ともいう。

相続分 P9 P38 P40 P57
【そうぞくぶん】

相続発生後、相続人のうち誰がどれだけ遺産を相続できるかを、法で定めた割合のこと。「法定相続分」ともいう。

相続権 P12
【そうぞくけん】

遺産相続をすることのできる法律上の権利のこと。

相続放棄 P13
【そうぞくほうき】

相続人が遺産の相続を放棄すること。負債などマイナスの財産が多い場合などに使われる。相続放棄する場合は、口頭だけではなく必ず家庭裁判所に申述しなければならない。また、相続の開始前は、相続放棄はできないことになっている。

代襲相続 P12
【だいしゅうそうぞく】

本来の相続人である人が死亡していたり、廃除されたりしていた際に、その子どもや孫など（直系卑属）が代わって相続人になる制度。
※相続放棄の場合は、代襲相続は発生しない。

直系血族 P12
【ちょっけいけつぞく】

本人の祖父母・父母・子・孫など、直系の関係がある血縁者のこと。なかでも実父母・実祖父母・実曽祖父母を「直系尊属」という。

動産 P25
【どうさん】

土地およびその定着物を指す「不動産」以外のもの。現金、商品、家財などのように形を変えずに移転できる財産を指す。

特別縁故者 P27
【とくべつえんこしゃ】

本来、相続人ではないが、被相続人と生計をともにしていたり、療養看護に努めたりしたなど、特別の縁故があった人。相続人がいない場合に、家庭裁判所に請求すれば相続財産の分与を受けることができる場合がある。

特別代理人 P26
【とくべつだいりにん】

本来の代理人が代理権を行使できない場合に、裁判所に申し立てて選任してもらう特別な代理人のこと。

内縁関係 P27
【ないえんかんけい】

事実上は夫婦同様の所帯を持ちながら、婚姻届を出していないために法律上の夫婦とは認められていない関係のこと。「事実婚」ともいう。

認知 P39
【にんち】

婚姻関係のない男女の間に生まれた子について、その父が自分の子と認めることで、法律上の親子関係を発生させること

(母親と子は分娩の事実により親子関係が生じる)。

廃除 P38 P47
【はいじょ】
被相続人の意思に基づき、家庭裁判所の審判によって推定相続人の持っている相続権を失わせる制度のこと。生前の申し立てのほか、遺言によっても可能。

被相続人 P7 P8 P12 P15 P16 P19 P20 P25 P32 P34 P36 P55
【ひそうぞくにん】
財産を相続される人。相続人が相続によって承継する財産や権利義務の、もともとの所有者。

付言事項 P20 P47 P50
【ふげんじこう】
遺言書の最後に書く、遺言を書いた経緯や理由、感謝の言葉など、相続人たちに向けて残す私的なメッセージのこと。法的な効力はない。

不在者財産管理人選任 P57
【ふざいしゃざいさんかんりにんせんにん】
不在者に財産管理人がいない場合に、不在者自身や不在者の財産について利害関係を有する第三者の利益を保護するため、家庭裁判所が申し立てにより、行うことのできる処分。それにより選任された不在者財産管理人は不在者の財産を管理、保存するほか、家庭裁判所の権限外行為許可を得た上で、不在者に代わり遺産分割、不動産の売却などを行うことも可能。

負担付遺贈 P30 P39 P57
【ふたんつきいぞう】
財産を遺贈する見返りに、受遺者に一定の義務を課すこと。義務を履行しない場合は、相続人などが家庭裁判所に、「遺言の取消し」を申し立てることができる。

法の適用に関する通則法 P25
【ほうのてきようにかんするつうそくほう】
国際結婚や国際取引などでトラブルが起こったとき、どの国の法律に準拠して判断すべきかを定めた日本の国際私法。その「第六節　相続」には、次のように定められている。
・第三十六条　相続は、被相続人の本国法による。
・第三十七条　遺言の成立及び効力は、その成立の当時における遺言者の本国法による。

身分 P39
【みぶん】
人の法律上の地位。夫や妻のような特定の地位をいう。

遺言執行者 P4 P9 P38 P43 P51 P55
【ゆいごんしっこうしゃ】
遺言を執行する権限を持つ人のこと。遺言の内容を実現するために相続財産を管理し、必要な手続きを行う権利や義務がある。未成年者と破産者以外なら誰でも遺言執行者になれるが、預貯金の解約など金融機関の手続きなどもあるため、相続人や受遺者などといった利害関係のない弁護士や税理士、司法書士、行政書士などの専門家に依頼したほうが賢明。

養子縁組 P39 P57
【ようしえんぐみ】
親子の血縁がない者同士を、双方の合意に基づいて法的に親子関係にすること。相続税の節税目的での養子縁組が行われたため、現在は養子の数に制限がある。

監修者紹介

弁護士 **江崎正行** えざき・まさゆき

1949年広島県生まれ。東京大学法学部卒業。東京弁護士会所属。会社法、債権債務、相続問題、遺言相談など民事関係の業務において、法人・個人を問わず依頼者より長年の篤い信頼を得ている。

江崎法律事務所
〒104-0045
東京都中央区築地2-11-11 森田ビル2階
TEL 03-3545-1161

改訂新版《かいていしんぱん》
みんなが安心《あんしん》！ 簡単《かんたん》に書《か》ける！
遺言書《ゆいごんしょ》

監修 江崎正行《えざきまさゆき》

発行所 株式会社 二見書房
東京都千代田区神田三崎町2-18-11
電話03 (3515) 2311〔営業〕
03 (3515) 2313〔編集〕
振替00170−4−2639

編集協力 POMP LAB.（立花律子、手塚よしこ）
マンガ・イラスト 松岡リキ
本文デザイン 佐藤レイ子
カバーデザイン ヤマシタツトム

印刷 株式会社 堀内印刷所
製本 株式会社 村上製本所

ISBN 978-4-576-18196-7 https://www.futami.co.jp